서중석의 현대사 이야기 ⑲

서중석의 현대사 이야기

서중석 답하다
김덕련 묻고 정리하다

19

6월항쟁의 전개
현대사를 바꾼 최대 동시다발 시위

오월의봄

일러두기

본문의 추가 보충 설명은 모두 김덕련이 정리했다.

책머리에

1

우리는 21세기에 들어와 극렬한 '역사 전쟁'을 겪고 있다. 역사 전쟁은 한국과 일본 사이에, 또 한국과 중국 사이에 벌어지는 것으로 알고 있는 사람들이 많겠지만, 오히려 한국 사회 내부에서 더 치열하다.

사실 최근에 와서야 비로소 역사 교육이 정상적인 길로 들어서는가 싶었다. 박정희 한 사람만을 위한 1인 유신 체제의 망령인 국정 역사 교과서가 21세기 들어 사라졌고, 가장 중요한데도 공백이나 다름없었던 근현대사 교육이 이루어지면서 한국사 교육이 조금씩 자리를 잡아가고 있었다. 이런 흐름을 따라 이제 극우 반공 체제나 권력의 손아귀에서 벗어나 역사 교육이 학문과 교육 본연의 자세로 조심스럽게 나아가는 듯싶었다.

우리 현대사에는 조금 잘될 듯하다가 물거품이 된 경우가 종종 있다. 역사 교육도 그렇다. 교육의 현장이 순식간에 전쟁터가 된 것이다.

2008년 이명박 정권이 들어서자마자 수구 세력은 오염된 현대사를 재교육하겠다고 나섰다. 과거 중앙정보부 간부, 수구 언론 논설위원 등이 포함된 강사들이 서울을 비롯해 전국 각지로 보내져 학생과 교육계, '사회 지도층'을 상대로 현대사 재교육에 나섰다. 강사라

기보다 유세객遊說客이라는 표현이 맞겠지만, 이들 중 현대사 전공자라고 볼 만한 사람은 없었다. 현대사 전공자가 아니면 역사학자도 잘 모를 수밖에 없는 한국 현대사, 특히 해방 전후사를 수구 세력 이데올로기 대변자들한테 맡긴 것이다. 얼마나 다급했으면 그렇게 했을까 싶지만 해프닝이나 다름없었다.

거기까지는 그나마 양호했다. 그해 8월 15일은 공교롭게도 정부 수립 60주년이 되는 날이었는데, 특히 이날을 벼르고 벼르던 세력들이 광복절을 건국절로 명칭을 변경해 기념해야 한다고 나섰다. 일부는 뭐가 뭔지 모르고 가담했겠지만, 그것은 역사 교육의 목표, 국가기강이나 민족정기를 한순간 뒤집어엎고 혼란에 빠트릴 수 있는 위험천만한 행동이었다. 친일파를 건국 공로자로 만들 수 있는 건국절 행사장에는 참석하지 않겠다고 독립 운동 단체가 단호히 선언하고, 독립 운동가들이 자신들이 받은 서훈을 반납하겠다고 강경히 주장해서 간신히 광복절 기념식을 치를 수 있었다.

가을이 되자 일선 역사 교사들에게 날벼락이 떨어졌다. 지금 쓰는 교과서를 바꾸라고 난리를 친 것이다. 모든 권력을 총동원해서 압력을 가해왔다. 그 전쟁터 한가운데에 서서 교사들은 어떤 사념에 잠겼을까. 역사 교사로서 올바르게 산다는 것이 무엇이라고 생각했을까. 그렇지 않으면 기구한 우리 현대사를 되돌아보았을까.

그로부터 5년 후 박근혜 정권이 등장하자 또다시 역사 전쟁이 벌어졌다. 이번에는 역사 교과서를 둘러싼 전쟁이었다. 2004~2005년부터 구체적인 본색을 드러내고 조직적으로 활동하며 수구 세력 내에서 역사 문제에 대해 강력한 발언권을 확보해온 뉴라이트 계열이 역사 교과서를 만든 것이다.

뉴라이트 계열 역사 교과서는 어이없이 참패했다. 일본 극우들이 2001년에 만든 후쇼샤 교과서보다 더한 참패였다. 일제 침략, 친일파와 독재를 옹호했다고 그 교과서를 맹렬히 비판하던 쪽도 전혀 상상치 못한 결과였다. 그 교과서가 등장하기 몇 달 전부터 수구 언론이 여러 차례 크게 보도해 분위기를 띄우고, 권력이 여러 방법으로 지원을 하는 등 나름대로 총력전을 폈으며, 수구 세력이 지배하는 학교 재단도 있었기 때문에 어느 정도는 채택될지도 모른다고 크게 우려했는데 결과는 딴판이었다.

2

왜 역사 전쟁에서 이승만을 띄우는가. 박정희의 경제 발전 공로는 진보 세력 일부도 인정하기 때문에 이제 이승만만 살리면 다 된다고 보기 때문일까. 그렇지 않다. 근현대 역사에서 너무나 중요한 '비결 아닌 비결'이 거기 내장되어 있기 때문이다.

우리에게는 '역사의 죄인'이 있다. 우리 역사에서 제일 큰 죄인은 누구일까. 우선 친일파, 분단 세력, 독재 협력 세력이 쉽게 떠오를 것이다. 이승만을 존경하는 사람들에는 여러 유형이 있다. 친일파, 분단 세력, 독재 협력 세력이 거기 포함된다. 이들은 이승만을 살리고 나아가 그를 '건국의 아버지' '국부'로 만들어놓을 수만 있으면 '역사의 죄인'에서 벗어날 수 있다고 믿는 것 같다. 나아가 이승만이 국부가 되면 권력이나 사회적 지위, 기득권을 계속 움켜쥘 수 있다고 확신하고 있는 것 같다.

역사 전쟁은 수구 세력이 일으키는 불장난이라는 생각이 들 때가 있다. 60~70년 전 역사를 가지고 지금 아무에게도 득이 되지 않는 소모적인 전쟁을 일으킬 필요가 없기 때문이다. 사실을 왜곡하는 일 없이, 개방 시대에 맞게 그 시대를 폭넓게 이해하도록 가르치면 되는 것이다. 문제는 친일파, 분단 세력, 독재 협력 세력은 그렇게 생각하지 않는다는 데 있다. 자연인으로서 친일파는 생명이 다했지만, 정치적·사회적 친일파는 여전히 강성하다. 그러니 자꾸 문제를 일으킨다. 어두운 과거를 떨치고 새 출발을 할 때 보수주의가 자리 잡을 수 있는데, 비판자들을 마구잡이로 '종북'으로 몰아세우고 대통령 선거에서 NLL로 황당무계한 공격을 하는 데서 알 수 있듯이, 그들은 과거를 떨치지 못하고 독재 권력이 행했던 과거의 수법에 의존하고 있다. 이렇듯 수구 세력이 정치적 생명을 연장하려고 하기 때문에 역사 전쟁이 지겹게도 반복되고 있는 것이다.

우리에게는 '역사의 힘'이 있다. 항일 독립 운동과 반독재 민주화 운동이 줄기차게 계속된 것도, 우리 제헌 헌법에 자유·평등의 독립 운동 정신이 담겨 있는 것도 역사의 힘이다. 우리 국민이 친일파, 분단, 독재를 있어선 안 되는 잘못된 것으로 보는 것도 역사의 힘이다. 막강한 힘의 지원을 받은 역사 교과서가 참패한 것도 그렇다. 2014년에 국무총리 후보가 역사의식 때문에 순식간에 추락한 것도 역사의 힘이 아니고서는 설명하기 어렵다. 그런데도 해방-광복 70주년이 되는 2015년에 들어서자마자 역사 교과서를 국정화하겠다는 소리가 들리고, 수구 언론은 과거처럼 '이승만 위인 만들기'에 노력하고 있다.

진보 세력은 역사의 죄인 혐의에서 자유로울까. 현대사 진실 찾기, 역사 바로 세우기를 방기한 것은 어떻게 설명할 수 있을까. 1980년대에 운동권은 극우 반공 세력의 역사관을 산산조각 냈다고 생각하기도 했지만, 그것은 자만이었다. 현대사 진실 찾기를 방기할 때, 그것은 또 하나의 이데올로기이자 도그마로 경직될 수 있었다. 진보 세력은 수구 세력이 뉴라이트의 도움을 받아 근현대사 쟁점에 나름대로 논리를 세워놨는데도 더 이상 자신을 채찍질하지 않았다.

1980년대에 그렇게 현대사에 열을 올리던 사람들 가운데 몇이나 해방과 광복, 광복절과 건국절의 차이를 설명할 수 있을까. 그들은 단정 운동에 대해서 어느 정도 지식을 가지고 있을까. 이승만이 대한민국을 건국한 국부가 아니고 제헌 국회에서 표결에 의해 선출된 초대 대통령에 지나지 않는다는 것은 또 얼마나 알고 있을까. 한마디로 이승만 건국론이 잘못된 주장이라는 것을 일반 사람들에게 구체적인 사실을 들어 조리 있게 설명해줄 수 있을까. 현대사의 이런저런 문제를 가지고 생각이 다른 사람들과 논전을 벌일 경우 상대방을 얼마나 설득할 수 있을까.

3

나는 역사 전쟁이 싫다. 특히 요즘은 이제 제발 그만두었으면 싶은 마음이 간절하다. 내가 현대사에 관심을 가진 것이 1960년대 중반부터이니, 반세기라는 긴 세월 동안 극우 세력의 억지 주장이나 견강부회와 맞닥뜨리며 살아온 셈이다. 하지만 어떡하겠나. 숙명이려니

하고 받아들이지 않을 수 없다.

2013년 6월 제자와 지인들 앞에서 퇴임사를 하면서 이런 이야기들을 전했고, 젊은이들이 발분하여 현대사를 공부해줄 것을 거듭 당부했다. 그러고 나서 얼마 후 프레시안 김덕련 기자에게서 현대사 주제들을 여러 차례에 걸쳐 인터뷰하고 싶다는 요청이 왔다. 그다지 부담이 없을 것 같아 응했다. 한국전쟁부터 시작했다.

김덕련 기자는 뉴라이트가 제기한 문제들을 포함해 여러 가지를 예리하게 추궁했다. 당연히 쟁점 중심으로 얘기가 진행됐다. 그런데 곧 출판 제의가 들어왔다. 출판을 한다면 좀 더 체계적으로 인터뷰를 이끌어가야 할 것 같았다. 그래서 이승만 건국 문제, 친일파 문제, 한국전쟁과 이승만 문제, 집단 학살 문제, 5·16쿠데타 평가, 3선 개헌과 유신 체제, 박정희와 경제 발전 문제, 부마항쟁과 10·26과 광주항쟁, 6월항쟁 등 중요 쟁점을 한층 더 깊이 파고들어가기로 했다.

욕심도 생겼다. 이승만에 대해서는 직간접적으로 다룬 여러 저작과 논문이 있지만, 박정희에 대해서는 두세 편의 논문과 일반적인 글이 있을 뿐이었다. 그렇지만 현대사에서 박정희는 18년이라는 커다란 몫을 가지고 있고, 1960~1970년대의 대부분이 포함된 그 18년은 정치적으로나 경제적으로나 대단히 중요한 시기였다. 그 중요한 시기 동안 박정희가 집권했으니, 그 시기를 통사로 한번 써야 하지 않겠느냐는 의무감 비슷한 것이 있었다. 그러던 차에 인터뷰가 책으로 나오게 된다니, 박정희 집권 18년의 전체 상을 박정희 중심으로 살펴보고 싶은 의욕이 생겼다.

해방 직후의 역사도 1980년대에 와서야 연구되었지만, 박정희 시기도 마찬가지였다. 그 당시 한국인의 대다수가 박정희의 창씨 명을 알지 못했고, 심지어 그가 남로당의 프락치였다는 사실조차 모르고 있었다. 적지 않은 사람들이 막 보급되던 TV 화면에 빠지지 않고 등장하는 박정희의 모습을 그의 참모습으로 알고 있었다. 더욱이 1990년대 중반, 특히 IMF사태 이후 박정희 신드롬이 일어나면서 그는 대단한 능력자로 신비화되기도 했다.

나는 박정희가 쿠데타를 일으켰던 그때부터 이미 박정희의 모습을 지켜보았다. 덧칠하지 않은 있는 그대로의 박정희를 볼 수 있었다. 그는 그렇게 특별한 능력이나 지식을 가진 사람이 아니었다. 다만 권력에 대한 집착이 생사를 초월하도록 강했고, 상황을 판단하는 총기가 있었으며, 콤플렉스도 있었고, 색욕이 과했다.

그런데 나는 박정희의 저작, 연설문집, 그에 관한 여러 연구와 글을 들여다보면서 의외로 일제 때의 군인 경험이 그의 일생에 지대한 영향을 미쳤음을 알게 되었다. 유신 체제, 민족적 민주주의-한국적 민주주의, 민족과 주체성 강조 등 '정치 이념'이 해방 이전의 세계관에서 먼 거리에 있지 않았다. 일제 때 군인 정신으로 민족, 주체를 강조하게 되었다는 것이 아주 이상하게 들릴지 모르겠지만, 거기에 박정희의 박정희다운 특성이 있고, 한국 현대사의 일그러진 자화상이 담겨 있다.

김덕련 기자와 인터뷰를 하게 된 것은 행운이다. 그는 대학 시절 국사학과에 재학 중일 때 내 현대사 강의를 들었다고 하는데, 현대사 지식이 풍부하고 문제의식이 날카로웠다. 중요 쟁점도 놓치지 않았고 미묘한 표현도 잘 처리했다. 거기다 금상첨화 격으로 꼼꼼하며 자상하기까지 하다. 김덕련 기자와 나는 이러한 작업에 잘 어울리는 좋은 팀이라고 생각한다. 출판에 대해 자신의 철학을 가지고 있고 공들여 편집하느라 애쓴 오월의봄 박재영 대표에게도 감사드린다.

서중석

차례

연표

1987년

1월 14일 서울대생 박종철 고문 사망

15일 중앙·동아일보 박종철 고문 사망 보도

경찰, 사건 경위 거짓 발표('탁 치자 억 하고 쓰러졌다')

박종철 죽음에 항의하는 농성 시작

19일 경찰, 언론 보도 등이 이어지자 조한경 경위와 강진규 경사 구속

20일 전두환, 내무·치안본부장 해임, 정호용·이영창을 임명

2월 7일 2·7 추도 대회

9일 신문들, '북한 탈출한 김만철 일가 김포공항 도착' 대대적 보도

(박종철 추도 분위기 잠재우기 위한 정권 차원의 카드)

3월 3일 3·3 평화 대행진

4월 8일 김영삼·김대중, 신당 창당 선언

13일 전두환, 4·13 호헌 조치 발표

(그 후 각계에서 '4·13 호헌 조치 반대' 목소리)

21일 광주대교구 신부들 단식 기도 돌입

(그 후 천주교 사제, 개신교 목회자 단식 기도로 확대)

22일 고려대 교수 시국 성명

(그 후 전국 각 대학에서 시국 성명.

5월 들어 각계각층, 각 분야에서 시국 성명 발표)

5월 1일 통일민주당 창당 대회(총재로 김영삼 선출)

8일 서울 지역 대학생 대표자 협의회(서대협) 결성

18일 천주교 정의구현전국사제단, 박종철 고문 사망 은폐·조작 폭로

22일 동아일보, 경찰의 범인 축소 모의 대대적으로 보도

26일 전두환 정권, 대규모 문책 개각(안기부장 장세동 퇴진)

27일 호헌 철폐 및 민주 헌법 쟁취 국민운동본부(국본) 발족

29일 박처원 치안감 등 치안본부 간부 3명 구속

'호헌 철폐와 민주 개혁 쟁취를 위한 서울 지역 학생 협의회'(서학협) 조직

1987년

6월 1일 부산 지역 총학생회 협의회(부총협) 결성
9일 연세대생 이한열, 시위 중 최루탄 맞고 중태(7월 5일 사망)
10일 6·10 국민 대회
민정당 전당 대회(체육관 대통령 후보로 노태우 선출)
명동성당 농성 투쟁 시작
14일 전두환, 군에 병력 출동 준비 지시
15일 명동성당 농성 해산
대전에서 대규모 시위, 전국에서 59개 대학 시위
16일 부산 시위대, 가톨릭센터 농성 투쟁 돌입(~22일)
진주 시위대, 남해고속도로 점거
17일 전두환, 노태우 등에게 대처 방안 마련하라고 지시
18일 최루탄 추방 국민 결의의 날
부산 서면 일대에서 6월항쟁 최대 규모 시위 발생
(회사원 이태춘, 시위 중 고가 도로에서 추락, 24일 사망)
19일 전두환, 비상 조치를 전제로 한 군 병력 배치 지시(6시간 만에 번복)
주한 미국 대사, 전두환에게 레이건 미국 대통령 친서 전달
대전에서 시위대 버스에 치여 전경 3명 중상(그중 박동진 일경 사망)
20일 노태우 민정당 대표, 국민당·신민당 총재와 회담. 김수환 추기경과 의견 교환
21일 민정당, 6·10 국민 대회 이후 첫 의원 총회(몇 의원 직선제 수용 주장)
22일 노태우, 전두환에게 여야 영수 회담 건의
전주, 이날과 다음 날에 대규모 시위 전개
24일 전두환·김영삼 영수 회담(김영삼, 회담 후 결렬 선언)
전두환·노태우, 직선제 수용하기로 합의
전두환 정권, 김대중에게 '연금 해제' 통보
26일 6·26 국민 평화 대행진

6월항쟁의 전개

전두환의 초강경 초토화 작전,
박종철 고문 사망으로 무너지다

6월항쟁의 전개, 첫 번째 마당

'탁 치자 억 하고 쓰러졌다'
박종철 고문 사망, 왜 묻히지 않았나

김 덕 련 고문으로 박종철을 죽게 만든 것 자체가 있을 수 없는 일이긴 하지만, 냉정히 말하면 박종철이 당시 학생 운동을 대표하는 인물은 아니었다. 그 시기에 억울하게 목숨을 잃은 사람이 박종철 한 명뿐이었던 것도 아니다. 전두환 정권 이전에도 그러했지만 전두환 집권기만 놓고 봐도 여러 학생, 노동자 등이 안타깝게 목숨을 잃었다. 억울한 죽음에 더해 그 진실이 묻히는 일도 적지 않았다.

전두환 정권 그리고 극우 반공 체제의 속성상 박종철의 죽음도 그렇게 될 가능성이 충분히 있었다. 그러나 박종철의 죽음은 다른 경우와는 비교가 안 될 정도로 국민들에게 큰 충격을 주면서 6월항쟁이라는 거대한 흐름의 밑거름이 됐다. 어떻게 해서 그런 차이가 생겼는지 짚어봤으면 한다. 우선 운명의 1987년, 어떻게 시작됐나.

서 중 석 전두환은 1987년 대통령 선거의 해를 맞아 1월 12일 국정 연설에서 헌법 문제에 대해 끝내 여야 합의가 이뤄지지 않으면 "중대한 결단"을 내려야 할 것이라고 협박했다. "중대한 결단"에는 국회 해산도 포함되는 것으로 그 당시에 알려졌다. 그러나 생각해보면 호헌 조치도 여기에 포함된 것으로 볼 수 있겠다.

이틀 후인 1월 14일 박종철이 치안본부 남영동 대공분실에서 고문으로 숨을 거뒀다. 박종철 고문 사망 사건은 정국의 대전환을 가져왔다. 1월 15일 오전 10시경 중앙일보 기자가 한 검찰 간부로부터 우연히 "경찰들 큰일 났어"라는 말을 듣고 취재에 나섰다. 서울대 언어학과 박 모라는 학생이 경찰에서 조사를 받던 중 사망했다는 사실을

1987년 1월 15일 자 중앙일보 사회면.
박종철 사망 소식을 처음 알린 기사이다.

1987년 1월 16일 자 동아일보 사회면.
특종은 중앙일보가 했지만 정작 큰
사건으로 다룬 건 동아일보였다. 그러면서
외신까지 이 소식을 다루게 됐다.

6월항쟁의 전개

알아낸 이 기자는 돌아가던 윤전기를 세워 기사를 싣게 했다. 그래서 1월 15일 자 중앙일보 석간, 오후 4시경에 받아볼 수 있는 제2판에 박종철 사망 소식이 사회면 2단 기사로 실렸다.

여느 때 같으면 박종철 고문 사망은 신문에 한 줄 나고 묻힐 뻔했다. 불과 닷새 후 언어학과 사무실에서 추모식장까지 박종철 영정을 들고 가게 되는 언어학과 친구도 우연히 1월 15일 자 중앙일보 2단 기사를 보고 나서 과 친구들과 술을 마시며 울분을 삭이느라 어쩔 줄 몰랐지만, 워낙 커다란 학생 공안 사건을 많이 봤기 때문에 친구의 죽음도 묻힐 거라고 생각했다.

그러나 시기가 시기여서 그런지 이 사건은 관련된 의사도, 기자도 달랐고 시민 반응도 달랐다. 민주화 운동 세력의 반응도 굉장히 신속했다. 1960년 4월 11일 마산 앞바다에 김주열 시신이 떠올랐을 때의 반응과 아주 흡사했다.

먼저 동아일보 보도 태도가 달랐다. 중앙일보 2단 기사를 본 동아일보에서도 긴급히 취재에 나서 이 날짜 지방판에 크게 보도했다. 특종은 중앙일보가 했지만 정작 큰 사건으로 다룬 건 동아일보였다. 그러면서 외신까지 이 소식을 다루게 됐다.

이렇게 사건화가 됐는데도 경찰 관계자들은 딱 잡아뗐다. 그러나 15일 저녁때가 됐을 때 강민창 치안본부장은 입을 열지 않을 수가 없었다. 강민창은 치안본부에서 14일 아침에 박종철을 연행해 심문했는데 "심문 시작 30분 만인 오전 11시 20분경에 수사관이 주먹으로 책상을 탁 치며 혐의 사실을 추궁하자 갑자기 억 하며 책상 위로 쓰러져 긴급히 병원으로 옮기던 중 차 안에서 숨졌다"고 발표했다. 그 유명한 '탁 치자 억 하고 쓰러졌다'는 명언이 나온 것이다.

1월 16일 자 신문을 봤을 때 많은 사람들은 다른 사건처럼 이 사

건도 곧 묻힐 것이라고 생각했다. 하지만 이날 동아일보 기사를 읽어
본 사람들은 뭔가 심상치 않다는 느낌을 받을 수 있었다.

"이 아부지는 아무 할 말이 없다이"
억울하게 자식 잃은 부모의 애끓는 외침

── 어떤 점에서 그러했나.

사설과 10면에서도 다뤘지만 11면 사회면에 자세한 기사가 실렸
는데 그 내용이 심상치 않았다. 거기에는 한양대 부속 병원에서 황적
준 집도로 사체 부검을 했는데 사체 오른쪽 폐에서 출혈반(피하나 점막
에 출혈로 인해 일룩진 무늬가 생긴 병증)이 발견됐다는 내용이 실려 있었
다. 부검을 집도한 의사는 이것에 대해 "전기 충격 요법을 쓰거나 인
공호흡을 했을 때 생길 수도 있다"고 밝혔다. 부검에 입회한 박종철
의 삼촌 박월길이 사체의 머리 한쪽에서 피멍 자국을 봤고 뒤통수,
목, 가슴 등 몸 곳곳에 피멍 자국이 있었다고 말했다는 내용도 쓰여
있었다. 이런 것들은 분명 '탁 치자 억 하고 쓰러졌다'는 쇼크사가 아
닌 고문사로 볼 수 있는 내용이었다.

그다음 날인 1월 17일 동아일보는 박종철 사건을 훨씬 더 비중
있게 다뤘다. "하늘이여 땅이여 사람들이여. 저 죽음을 응시해주기
바란다. 저 죽음을 끝내 지켜주기 바란다. 저 죽음을 다시 죽이지 말
아주기 바란다"로 시작하는 김중배 논설위원의 칼럼 '하늘이여 땅이
여 사람들이여'는 시민들에게 깊은 인상을 줬다.

이날 황열헌 기자가 '창'란에 쓴 기사도 많은 사람의 가슴을 울

1987년 1월 17일 자 동아일보에 실린 '김중배 칼럼'과 황열헌 기자가 '창'란에 쓴 기사. 두 기사 모두 당시 사람들에게 깊은 울림을 주었다.

렸다. 자식 가진 사람들로 하여금 가슴을 저미는 슬픔과 아픔을 느끼게 한 기사였다. 황 기자는 1월 16일 벽제 화장장에서 화장한 이후의 상황을 이렇게 적었다. 〈아버지 박 씨는 아들의 유골 가루를 싼 흰 종이를 풀고 잿빛 가루를 한 줌 한 줌 쥐어 하염없이 (임진강) 샛강 위로 뿌렸다. "철아, 잘 가그래이……." 아버지 박 씨는 가슴속에서 쥐어짜는 듯한 목소리로 말했다. 아버지 박 씨는 끝으로 흰 종이를 강물 위에 띄우며 "철아, 잘 가그래이. 이 아부지는 아무 할 말이 없다이"라고 통곡을 삼키며 허공을 향해 외쳤다. 이를 지켜본 주위 사람들은 흐느끼거나 눈시울을 붉혔다.〉

은폐 시도하던 전두환 정권,
닷새 만에 마지못해 고문사 인정

— 전두환 정권은 '탁 치자 억 하고 쓰러졌다'는 궤변을 늘어놓으며 진실을 은폐하려 했다. 고문 사실을 파악한 사람들의 입을 틀어막으려 한 것도 그런 차원 아니었나.

이 사건에 대해 일부 언론이 용기 있게 보도했지만, 사건이 커진 데에는 의사들의 용기도 작용했다. 남영동 대공분실에서 외부인으로 박종철의 시신을 처음으로 본 사람은 내과의 오연상이었다. 오연상

● "우리 자식이 못돼서 죽었소." 박종철 부친 박정기의 이 말도 많은 사람의 마음을 울렸다. "아드님을 왜 못됐다고 하십니까"라고 기자가 묻자 박 씨는 "이놈의 세상은 똑똑하면 못된 거지요"라고 답했다. 잘못된 세상을 바로잡으려 양심에 따라 행동한 많은 사람이 수십 년간 극우 반공 체제에서 어떤 일을 당했는가를 역설적으로 드러낸 절규였다.

姜玟昌치안본부장이 19일상오 서울대 朴鍾哲군의 가혹
행위에 의한 치사사건 자체수사결과를 발표하고있다.

1987년 1월 19일 자 경향신문 1면에 실린 사진. 강민창 치안본부장은 조한경 경위와 강진규 경사를 특정 범죄 가중 처벌법 위반 혐의로 구속한다고 발표했다. 사건 발생 닷새 만에 고문에 의한 사망임을 인정한 것이다.

은 검안 소견서에 고문, 그것도 물고문 같은 것이 있었음을 짐작하게 하는 내용을 썼다. 용기 있는 행동이었다. 그러한 소견이 보도된 후 협박 전화가 빗발쳤지만 오연상은 굴복하지 않았다.

박종철 사체를 부검한 황적준도 경찰의 협박과 회유에 넘어가지 않았다. 황적준은 박처원 등 경찰 고위 간부들로부터 '감정서 내용을 쇼크사로 해서 보고하라', '감정서에서 모든 외상을 삭제하라. 검찰도 협조할 테니 걱정하지 마라' 같은 협박과 강요를 거듭 당했다. 1월 16일 오후 4시 30분경에는 강민창 치안본부장이 황적준한테 100만 원이 들어 있는 봉투를 건네며 은혜를 잊지 않겠다고 말하기도 했다. 그러나 황적준도 자신이 본 대로 감정서를 썼다. 동아일보가 깊이 있는 보도를 하자 다른 신문들도 지면을 할애했다.

1987년 1월 21일 전두환이 정호용에게 내무부 장관 신임장을 수여하고 있다. 몇 달 뒤 정호용은 전두환의 분신으로 통하던 장세동을 물귀신처럼 물고 늘어져 안기부장을 그만두게 만든다. 사진 출처: 국가기록원

결국 1월 19일 오전 강민창은 조한경 경위와 강진규 경사를 특정 범죄 가중 처벌법 위반 혐의로 구속한다고 발표했다. 사건 발생 닷새 만에 고문에 의한 사망임을 인정한 것이다. 그다음 날(1월 20일) 전두환은 어쩔 수 없이 이 사건에 대해 유감을 표시하고, 김종호 내무부 장관과 강민창 치안본부장을 해임하고 정호용과 이영창을 그 후임으로 임명했다. 이때 정호용이 내무부 장관이 된 것은 상당한 의미가 있었다.

— 어떤 점에서 그러한가.

정호용은 광주 학살 문제로 많은 비난을 받는 인물이지만 전두환, 노태우와 육사 동기로 육군 참모총장을 지냈고 노태우 대통령 만

들기에 연결돼 있었다. 정호용은 전두환, 장세동과 맞설 수 있는 배짱도 있었다. 그런 정호용이 내무부 장관이 된 데에는 전두환 정권 내부의 복잡한 사정이 작용했다.

1월 17일 당정 협의에서 이춘구 민정당 사무총장은 이 사건 관련자들을 엄단해야 한다고 주장하면서 내무부 장관 경질까지 요구했다. 이춘구는 박정희 정권 때의 김재규처럼 합리적인 면이 많았다. 군으로부터 상당히 좋게 평가받고 있더라. 처음에는 치안본부장 경질로 매듭을 지으려 했던 청와대 수석비서관들은 사안이 중대해지자 내무부 장관 경질을 자기들이 건의할 수는 없다고 보고 이춘구한테 '대통령에게 건의해달라'고 얘기했다.

1월 19일 이춘구는 전두환을 만나 직접 얘기했다. 한참 후에야 전두환은 내무부 장관을 경질하는 데에 동의했다. 그렇지만 이춘구가 정호용을 추천하자 전두환은 고개를 저었다. 그다음 날 이춘구는 노태우 민정당 대표와 함께 청와대로 들어가 다시 정호용을 추천했다. 그제야 전두환은 마지못해 받아들였다.

이춘구가 정호용을 추천한 건 중요하다. 나중에, 그러니까 5월 18일 명동성당에서 박종철 고문 사망의 진상이 조작됐다는 사실이 폭로되지 않나. 그것 때문에 전두환 정권이 전면 개각을 하게 되는데, 그때 정호용은 전두환의 분신으로 통하던 장세동을 물귀신처럼 물고 늘어져 안기부장을 그만두게 만들었다. 그건 정호용만이 할 수 있었다. 나중에 다시 살펴보겠지만, 장세동을 물러나게 한 건 상당한 중요성을 갖고 있었다.

"자식 키우는 것이 두렵다"
박종철 사건에 분노한 여성들

── 박종철의 억울한 죽음에 항의하는 목소리가 나올 수밖에 없는
상황이었다. 당시 분위기, 어떠했나.

박종철 고문 사망에 대해 강하게 항의한 것은 여성들이었다. 박
종철 사망 사실이 보도된 1월 15일 그날 바로 항의하는 움직임이 나
타났다. 15일 오후 8시경부터 구속자 가족 등 20여 명이 박종철의 죽
음에 항의하며 기독교회관에서 철야 농성을 벌였다. 16일 오전 10시
에는 여성 50여 명이 남영동 대공분실을 향해 행진했다. 그날 오후
5시 30분에는 민가협(민주화실천가족운동협의회) 관계자 40여 명이 남영
동 대공분실 앞에서 농성했다.

어째서 여성들이 이렇게 신속하게 항의 시위를 했을까. 4·19를
불러일으킨 1960년 제2차 마산의거(4월 11~13일)를 상기해보면 쉽게
이해할 수 있다. 그해 4월 11일 김주열 시신이 마산 앞바다에 떠올랐
을 때 학생들도 분노했지만 어머니들이 병원으로 달려가고 시위에
적극 나섰다. 어머니들은 따로 모여서, 당시로서는 굉장히 강렬한 구
호였는데, '죽은 학생 책임지고 이승만 정권 물러가라'고 적힌 현수막
을 들고 시위를 벌였다. 4·19 그날조차 학생들이 "이승만 정권 물러
가라"는 얘기를 하기가 어려웠는데, 4월 11일에 이미 어머니들이 그
렇게 외친 것이다. 얼마나 분노했으면 그랬겠나. 그 점은 1987년에도
마찬가지였다. 학생 운동권의 주요 인물이 고문으로 죽었다면 그렇
게 큰 반향을 불러일으키지 못했을 수도 있었다. 김주열이나 박종철
은 평범한 학생이었다. 그래서 어떤 어머니든지 자기 자식도 박종철

이나 김주열처럼 독재 권력에 그와 같이 당할 수 있다고 생각했기 때문에 그렇게 신속하게, 적극적으로 항의 시위를 한 것이다.

사실 신문에서 박종철 사건을 크게 다루게 된 데에도 여성들의 항의가 큰 역할을 했다. 여성들은 신문사에 전화를 걸어 "가슴이 떨려 밤잠을 이룰 수가 없었다", "이 땅의 어느 부모에게도 이번 일은 결코 남의 일로 여겨질 수 없을 것이다", "자식을 키우는 것이 두렵다"며 울먹였다. 그러면서 이 사건에 대해 항의했다.

야당인 신민당은 1월 17일부터 태도가 달라졌다. 그 전날만 해도 당직자 간담회에서 이 문제를 다루지 않았으나, '박종철의 죽음이 단순한 사망이 아니다'라는 쪽으로 가닥이 잡혀가자 17일에야 확대 간부 회의를 열고 성명을 발표하는 등 부산을 떨었다. 신민당, 민추협은 농성을 하는 등 적극적으로 투쟁에 나섰다. 1986년 5·3 인천 사태 이후 야당과 재야, 학생 운동권이 분열돼 있었는데 박종철의 죽음을 계기로 연합할 수 있게 된 것이다. 김근태 고문 사건(1985년)으로 생긴 고문 공대위(고문 및 용공 조작 저지 공동 대책 위원회)는 박종철 사건 관련 고문 폭로 대회를 열기로 1월 17일 오전 결정했다. 그렇게 해서 2·7 추도 대회를 열게 된다.

박종철 죽음은 전두환이 밀어붙인
초강경 초토화 작전의 필연적 귀결

── 1987년 1월 19일 강민창 치안본부장은 박종철 고문 사망 사건을 "일부 수사관들의 지나친 집무 의욕"에서 비롯된 "불상사"로 규정하고 국민들에게 이렇게 당부했다. "자유민주주의를 파괴하려

1981년 7월 13일 장세동(오른쪽)이 경호실장에 임명되는 모습. 1986년 하반기에 전두환은 개헌 열기를 약화시키고 민주화 운동 세력을 초토화하기 위해 계속 '돌격 앞으로'를 외쳤다. 그러면 장세동은 관계 기관 대책 회의 등을 열어 구체적인 행동에 나섰고, 김종호는 돌격 대장 노릇을 했다. 특히 장세동은 전두환의 분신 같은 존재였다. 사진 출처: 국가기록원

는 극소수 좌경 용공분자를 척결할 때까지 경찰이 주어진 임무를 성실히 수행할 수 있도록 계속 협조해주기 바란다."

이런 식으로 '체제를 지키기 위해 밤낮없이 일하다가, 잘해보려다가 저지른 우발적인 실수'라고 왜곡하는 것은 이 사건뿐만 아니라 부천서 성고문 사건(1986년) 등 다른 여러 사건에서도 찾아볼 수 있는 행태다. 그렇지만 박종철 고문 사망 사건의 발생 과정, 조직적 은폐 시도 등 모든 면에서 '일부 경찰의 우발적인 실수'와는 거리가 멀지 않았나.

박종철의 죽음은 엄밀히 따지면 전두환과 장세동, 김종호 내무부 장관의 합작품이라고 볼 수 있다. 1986년 하반기에 전두환은 개헌 열기를 약화시키고 민주화 운동 세력을 초토화하기 위해 계속 '돌격

앞으로'를 외쳤다. 그러면 장세동은 관계 기관 대책 회의 등을 열어 구체적인 행동에 나섰고, 김종호는 돌격 대장 노릇을 했다. 전두환은 자신을 꼭 빼닮은 사람들을 핵심 요직에 앉혔다. 박종철이 고문 사망하게 된 데에는 전두환의 분신으로 통하던 장세동과 비슷하게 전두환의 지시를 받들어 강경 일변도로 나갔던 김종호 장관, 그리고 포상이나 진급을 위해 이른바 '공적'을 세우는 데 급급했던 대공 수사관들이 한몫했다.

신민당이 1986년 11월 29일 열려고 했던 대통령 직선제 개헌 쟁취 및 영구 집권 음모 분쇄 범국민대회가 경찰에 의해 봉쇄됐다고 18권에서 얘기하지 않았나. 그다음 날(11월 30일)에 열린 당정 회의에서 치안 총수인 김종호 장관은 그 대회에 대해 '서울 심장부에서 궐기해 폭동화를 기도한 것이 명백하다'며 그것은 내란 기도이므로 이번 기회에 김대중과 김영삼을 구속하는 문제를 검토해야 한다는 강경한 주장을 폈다.

그에 앞서 1986년 10월 17일 치안본부에서는 주요 수배자 54명을 조속히 체포하라고 지시했다. 주요 수배자를 검거하면 특진과 격려금이 따랐기 때문에 '공적'을 세우려 경쟁하는 분위기가 조성됐다. 그럼에도 수배자 검거 실적이 오르지 않자 12월 1일에는 아예 10일이라고 날짜를 못 박고 그때까지 검거하지 못하면 간첩이 통과했거나 은신한 지역의 경찰국장과 서장을 문책하는 예에 따라 문책하겠다는 초강경 지침을 시달했다. 1987년 1월 7일 전국 경찰서장·대공과장 회의에서는 3월 개강 전에 모두 검거하라고 독려했다.

박종철이 고문으로 사망하기 하루 전인 1987년 1월 13일 김종호는 남영동 대공분실에 들러 격려하는 동시에 초강경 지침을 다시 내렸다. 내무부 장관이 남영동 대공분실에 직접 와서 이렇게 한 건 이

때가 처음이었다. 이것에 대해 한 연구자는 내무부 장관이 대공분실에 들러 그렇게 지시한 건 '한두 명쯤 죽여도 괜찮다'는 살인 허가증을 발급한 것이 아니냐고 반문했다.

박종철은 우연히 탁 치니 억 하고 죽은 게 결코 아니었다. 박종철의 죽음은 전두환의 초강경 초토화 작전에서 필연적으로 나타날 수밖에 없는 결과였다.

2·7 추도 대회와 3·3 평화 대행진, 6월항쟁의 큰 틀을 제시하다

6월항쟁의 전개, 두 번째 마당

국민과 함께 만들어간 2·7 추도 대회,
준비위원만 7만 2,674명

김 덕 련 박종철의 넋을 위로하고 고문·살인 정권을 규탄하기 위한 2·7 추도 대회는 어떤 과정을 거쳐 준비됐나.

서 중 석 박종철의 죽음을 계기로 민주 연합과 동시다발 투쟁이라는 새로운 투쟁 방식이 등장했다. 고문 공대위는 이 사건과 관련해 고문 폭로 대회를 열기로 1987년 1월 17일에 결정했다. 그 후 고문 폭로 대회라는 명칭을 박종철 고문 사망에 대한 국민 추도회로 바꾸고, 이 국민 추도회를 주도하는 단체도 새로 조직하자고 의견을 모았다. 박종철 고문 사망에 분노하는 여론이 국민적 규모로 들끓는 현상을 포착한 것이다.

국민 추도회 준비위원회 발족식은 본래 1월 26일에 열릴 예정이었다. 그러나 경찰이 원천 봉쇄해 이날 발족식은 성사되지 못했다. 그다음 날(1월 27일) 김대중, 김영삼, 계훈제, 송건호 등은 고 박종철 군 국민 추도회 준비위원회 발족식을 열고, 2월 7일을 박종철 군에 대한 국민 추도일로 선포했다. 그러면서 '7일 오후 2시에 명동성당에서 박종철 군 추도회를 열고 그와 동시에 전국 각지에서 추도식을 거행한다'고 발표했다. 6월항쟁을 승리로 이끄는 동시다발 시위 투쟁이 드디어 모습을 드러낸 것이다.˚

2·7 추도 대회를 앞두고 민통련(민주통일민중운동연합) 산하 지운협(지역운동협의회)에서는 동시다발 투쟁을 하기로 의견을 모았다. 동시다발 투쟁을 하게 된 데에는 민주화 운동의 성장으로 각 지역 운동을 독자적으로 꾸릴 만한 역량을 갖추게 된 점도 중요하게 작용했

지만, 각 지역에서 시민들이 적극적으로 싸울 의사를 보인 것이 기반을 이뤘다. 그와 함께 졸업정원제 등도 영향을 끼쳤다. 1980년대에 들어와서 대학생 숫자가 1970년대와는 비교가 안 되게 늘어나고, 전두환·신군부의 분산 정책으로 서울 지역 대학교의 지방 분교 및 새로이 지방 대학이 많이 설립된 것도 동시다발 투쟁이 전개되는 데 큰 힘이 되었다.

동시다발 투쟁에 더해 새로운 투쟁 방식이 또 하나 있었다. 준비위원회에서 제시한 2월 7일 국민 추도회 참가 요령이 그것이다. 이게 6월항쟁에서 아주 중요한 역할을 한다.

─ 참가 요령으로 어떤 것을 제시했나.

참가 요령으로 '모든 국민은 2월 7일 오후 2시 각자의 위치에서 추도 묵념을 올린다', '박종철 군을 추도하는 뜻에서 7일 검은색 또는 흰색 리본을 단다', '모든 자동차는 7일 오후 2시에 추도 경적을 울린다', '모든 교회와 사찰 등 종교 기관은 이 시간에 추도 타종을 한다' 등을 제시했다. 시위를 원천 봉쇄하거나 초기 단계에서 막아버린 박정희 유신 정권, 전두환·신군부 정권과 맞서 민주화 운동 세력이 얼

• 전두환 정권은 박종철 고문 사망의 파장을 어떻게든 줄여보려 촉각을 곤두세우고 있었다. 국민 추도회 준비위원회 발족식을 막은 1월 26일에 일어난 또 하나의 사건에서도 이 점은 잘 드러난다. CBS 라디오 '월요 특집' 생방송 중단 사건이 바로 그것이다. 26일 오후 2시, 사회적으로 중요한 쟁점 사안을 놓고 청취자들이 전화로 토론에 직접 참여하는 프로그램인 '월요 특집'이 '고문은 사라져야 합니다'라는 제목으로 시작됐다. 그런데 두 시간 예정이던 '월요 특집'이 오후 3시 8분경 갑자기 중단되고 음악 방송으로 대체됐다. 이것에 대해 이날 초청 출연자 중 한 사람인 변정수 변호사는 "방송 시작 전에 이미 '당국에서 이 방송을 하지 말라는 지시가 있었다'는 말을 들었다"고 밝혔다. 이날 CBS에는 "왜 방송을 중단하느냐", "본래 하던 방송을 계속하라"는 문의 및 항의 전화가 140통 넘게 걸려 왔다.

마나 힘들게 싸워왔다. 10여 년간 계속된 고난의 투쟁에서 얻은 노하우가 쌓이고 쌓인 민주화 운동 세력이 억압된 공간에서 시위 효과를 극대화할 수 있는 방안을 이때 제시한 것이다.

국민 추도회 준비위원회는 1차로 각계 대표 9,782명을 준비위원으로 위촉했다고 발표했다. 그러자 여러 단체 관계자들은 물론이고 일반 시민들도 '나도 준비위원으로 참여하겠다'는 뜻을 계속 밝혀왔다. 추도 성금도 답지했다.

박종철 고문 사망에 대해서는 종교계에서 적극적이었다. 2·7 추도 대회 발표가 나오자 천주교 쪽에서 즉각 호응했다. 2월 4일 천주교 정의구현사제단은 추도 대회에 적극 참가할 것과 함께, 참가할 수 없는 경우 모든 성당은 7일 오후 2시 정각에 타종하고 신자들은 1분간 묵념할 것을 권고했다. 천주교 측은 1월 27일에는 원주 교구, 2월 2일에는 마산 교구, 이런 방식으로 여러 교구에서 특별 미사를 올렸다. 광주 교구에서는 윤공희 대주교 등 성직자, 수도자, 신자 2,000여 명이 남동성당에서 미사를 올리고 성명서를 발표했다. 같은 날 원주 교구에서도 지학순 주교 주례로 추모 미사를 올린 뒤 십자가를 앞세우고 시위에 나섰다. 대전에서는 2월 2일 천주교 정의구현사제단 등 16개 단체가 범국민대회를 기독교연합봉사회관에서 열려다 저지되자 서대전 사거리에서 감행했다. KNCC도 적극적이었다. 박종철이 재학 중이었던 서울대와 한신대, 덕성여대 교수들은 항의 추모 집회를 열거나 성명서를 발표했다.

2월 6일 국민 추도회 준비위원회는 준비위원이 7만 2,674명으로 늘어났다고 발표했다. 이 사람들만 다 거리로 나와도 적은 숫자가 아니었다.

장세동, 또다시 비상 조치 만지작만지작
전두환 정권, 5만여 경찰 동원해 원천 봉쇄 기도

── 전두환 정권은 어떻게 대응했나.

전두환 정권은 1986년 가을과 마찬가지로 강공, 강압 일변도로 나왔다. 그러면서 다시 비상 조치 카드를 꺼내 만지작거렸다. 1987년 2월 1일 장세동 안기부장은 "내란적인 사태가 벌어질 경우 김영삼, 김대중을 구속하고 핵심 측근들도 구속해 도태시킬 수 있도록 준비를 하라"고 지시했다. "비상 조치, 계엄으로 정국을 안정시키면서 권력 승계 문제에서 현행 헌법을 어떻게 구체화시킬 것인지도 연구하라"는 지시도 내렸다. 그러니까 전두환과 장세동은 4·13 호헌 조치에 대한 생각을 이미 이 시기에 다, 또는 이 시기 훨씬 이전부터 가지고 있었다.

2월 5일 밤 서울시경은 1만 6,000여 명의 경찰을 동원해 2,700여 곳에서 일제히 검문검색을 실시했다. 6일에는 김대중, 함석헌 등 주요 인사들을 가택 연금했다. 이날 경찰은 전국 105개 대학에 심야 수색을 실시했다.

2월 7일, 경찰은 추도 대회를 막기 위해 모두 5만 3,660명을 투입하고 이 중 3만 6,000명은 서울에 배치했다. 이때 총 경찰 병력이 12만 명 정도였다는 걸 고려하면, 얼마나 많은 인원을 투입했는지 쉽게 알 수 있지 않나. 추도회가 열릴 명동성당 일대에만 전경 기동대 등 8,000여 명의 병력을 배치하고 명동을 3겹, 4겹으로 에워쌌다. 오전 8시경부터 명동 진입로를 '전경의 벽'으로 차단했다. 명동 부근 지하철역 5개소, 버스 정류장 20개소, 인근 주차장 5개소가 폐쇄됐다.

택시는 얼씬거리지도 못하게 했다. 계성여중·고 등 4개교는 휴교했다. 그뿐 아니라 명동성당 일대의 은행 등 수많은 회사는 출퇴근을 앞당겼고 금융가가 마비되다시피 했다. 수많은 상점이 철시했다. 노점상이나 잡상인은 명동에서 쫓겨났다.

곳곳에서 동시다발 추도식과 시위…
박종철 어머니와 누나, 둘만의 눈물 타종

—— 2·7 추도 대회, 어떻게 진행됐나.

2월 7일 낮 12시 50분경 명동 입구 롯데쇼핑 앞길에서 시민과 재야인사 200여 명이 경찰과 몸싸움을 벌였다. 경찰이 최루탄을 쏘아대자 시민들은 쏘지 말라고 외치면서 "우우우" 야유를 퍼부었다. 그러자 경찰은 시민들을 향해 최루탄을 쏘아댔다.

이날 시민들 표정은 1986년 11월 29일, 신민당이 대통령 직선제 개헌 쟁취 및 영구 집권 음모 분쇄 범국민대회를 계획하고 시내 곳곳에서 시위가 전개된 그날과도 또 달랐다. 시위대에 박수를 보내거나 시위대에 직접 뛰어들어 참여했다. 광교, 시청 일대에서는 준비위원회에서 제시한 대로 추도 경적이 일제히 터져 나왔다. 그래서 주최 측도 놀랐고 신민당도 고무됐다. 나무 십자가와 박종철 사진, 노란 국화 송이를 들고 있는 시위자들도 많았다. 서울 곳곳에서 노상 추도식과 시위가 이어졌는데, 평화적으로 추도하고 시위하는 모습을 한 눈에 느낄 수 있었다.

오후 1시경 시청 일대에서 을지로 입구, 광교 일대에서 시민, 학생 2,000여 명이, 또 명동 입구 중앙우체국 일대에서 1,000여 명이 명동성당을 향하다 제지를 당했고, 그중 일부가 곳곳에서 시위를 벌였다. 남대문시장 일대에서는 오후 1시 30분경부터 8시경까지 숨바꼭질 시위가 벌어졌다. 상인들은 경찰 진입로를 막으면서 학생들이 연행되는 것을 몸으로 막았다. 제헌 의회 계열 학생들은 돌과 화염병을 던지며 시위를 벌였다. 이민우 신민당 총재 일행은 차량들이 경적을 울리는 가운데 관광공사 앞에서 추도식을 올렸다. 오후 2시 명동성당에 미리 들어가 있던 천주교 사제단 80여 명과 시민, 학생 등 800여 명이 약식 추도회를 열었다. NCC 소속 목회자 50여 명과 시민 500여 명은 오후 2시 삼일빌딩에서 명동성당으로 향하다가 제지를 받자 가두 추도회를 열었다.

박종철의 고향 부산에서는 대각사에서 추도회를 열 예정이었다. 그런데 오전 7시경부터 2,000여 명의 경찰이 대각사를 겹겹이 에워쌌다. 대각사에 가려는 사람들을 경찰이 막아서면서 몸싸움이 계속 벌어졌다. 부산민주시민협의회 회원과 신민당 당원, 구속자 가족들이 산발적 시위를 벌이다 결국 대각사에 가까이 가지 못하고, 오후 2시 남포동 부산극장 앞에서 추도식을 열었다. 노무현, 김광일 변호사가 그 자리에서 연설을 했다. 경찰은 이곳에 최루탄을 난사했다. 남포동, 광복동 거리에서는 한때 간선 도로를 메우며 시위를 벌였다. 시위는 오후 5시까지 계속됐다.

이날 박종철 어머니 정차순은 부산 사리암에 갔다. 전경들은 사리암 입구에 진을 치고, 박종철의 친척들조차 들어오지 못하게 막았다. 분위기가 험악하게 되면서 스님들이 무서워서 종을 못 쳤다. 그래서 끝내 박종철의 어머니와 누나, 두 사람만 추도 타종을 했다. 모녀는 아들과 동생을 잃은 슬픔과 통분을 삼키며 울부짖으면서 종을

고문·살인 정권을 규탄하기 위한 2·7 추도 대회

2·7 추도 대회는 서울, 부산뿐만 아니라 전국 주요 지역에서 추진됐다. 전두환 정권의 원천 봉쇄로 대회장에서 추도회를 열지는 못했지만 차량 경적, 타종 등의 참가 요령을 포함해 상당 부분이 실현됐다. 부산과 광주에서도 그랬지만 서울 곳곳의 시위 현장에서 시민들의 참여가 두드러졌다. 이건 1979년 부마항쟁, 1980년 광주항쟁을 제외한다면 1960년 4월혁명 이후 처음 보는 현상으로 전두환 정권의 가슴을 내려앉게 했다.
사진 출처: 국가기록원

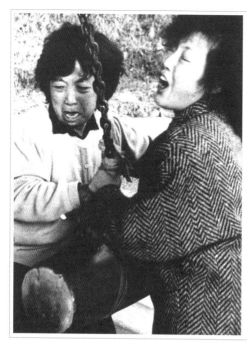

1987년 2월 7일 경찰의 압력으로 서울 명동 추도 집회에 참석하지 못한 박종철의 어머니와 누나가 부산 사리암에서 추도 타종을 하며 오열하고 있다. 사진 출처: 부산민주항쟁기념사업회

쳤는데, 그 사진이 또다시 시민들의 가슴을 울렸다.

광주에서는 광주YMCA회관이 원천 봉쇄된 가운데 재야인사, 시민, 학생 수천 명이 대회장 진입을 시도했으나 저지당했다. 오후 2시 교회와 성당 등 30여 곳에서 종이 울렸고 승용차들이 시민들의 박수를 받으며 경적을 울렸다. 대구도 YMCA회관이 봉쇄돼 노상에서 즉석 추도회를 열었으나 최루탄 난사로 중단됐다.

2·7 추도 대회는 서울, 부산뿐만 아니라 동시다발 형태로 전국 주요 지역에서 추진됐다. 전두환 정권의 원천 봉쇄로 대회장에서 추도회를 열지는 못했지만 차량 경적, 타종 등의 참가 요령을 포함해 상당 부분이 실현됐다. 부산과 광주에서도 그랬지만 서울 곳곳의 시위 현장에서 시민들의 참여가 두드러졌다. 이건 1979년 부마항쟁,

6월항쟁의 전개

1980년 광주항쟁을 제외한다면 1960년 4월혁명 이후 처음 보는 현상으로 전두환 정권의 가슴을 내려앉게 했다. 그러나 전두환 정권은 2·7 추도 대회 직후 박종철 추도 분위기를 잠재우고 민주화 운동을 무력화할 회심의 카드를 갖고 있었다.

박종철 추모 분위기 반전시키고자
김만철 일가 탈출 대문짝만하게 부각

—— 무엇이었나.

2월 9일, 이날은 월요일이었는데, 신문들은 북한의 김만철 일가 11명이 전날 밤 김포공항에 도착했다고 일제히, 그것도 대문짝만하게 보도했다. 김만철 일가가 도착한 8일이 일요일이어서 9일 자 신문에 난 건데, 1면에 크게 다뤘을 뿐만 아니라 다른 여러 면에 걸쳐 보도했다.*

사실 이 사건은 김만철 일가가 북한을 탈출해 일본에 머무는 과정에서 이미 여러 차례 크게 보도된 바 있었다. 그런데도 2월 9일 이때 이렇게 크게 보도된 데에는 이유가 있었다. 2·7 추도 대회를 희석시키고 국민의 관심을 다른 곳으로 쏠리게 하기 위해 전두환은 나카소네 야스히로 일본 수상에게 '이 문제에 특별한 관심을 갖고 있으니 김 씨 일가를 보내달라'고 요청했다. 그렇게 해서 김만철 일가가 2월

---

* 동아일보를 예로 들면 1면 톱기사를 비롯해 총 12면 중 5개 지면에 김만철 일가 관련 기사를 실었다. 그뿐 아니라 호외도 발행했다.

1987년 2월 8일 북한의 김만철 일가가 서울에 도착했다. 김만철 일가의 입국은 전두환 정권에 기대 이상의 큰 성과를 안겼다. 2월 9일 이후 오랫동안 김 씨 일가의 서울 나들이 등 관련 소식 이 텔레비전과 일간지를 가득 메웠다. 사진 출처: e영상역사관

8일 한국에 오게 된 것이다.

　김만철 일가의 입국은 전두환 정권에 기대 이상의 큰 성과를 안겼다. 2월 9일 이후 오랫동안 김 씨 일가의 서울 나들이 등 관련 소식 이 텔레비전과 일간지를 가득 메웠다. 그 반면 3월 3일에 고문 추방 및 민주화를 위한 국민 평화 대행진을 하기로 결정한 사실 등 박종철 고문 사망 추도와 관련된 여러 활동은 신문에서 완전히 밀렸다. 기껏 해야 신문 맨 귀퉁이 1단 기사로 나는 정도였다. 신문은 박종철 고문 사망 이전, 즉 권력에 순종하는 언론으로 되돌아갔다. 김만철 일가 탈북 사건으로 사회 분위기가 반전된 면도 있었지만, 보수적인 제도 언론답게 익숙한 제자리로 돌아간 것이다.

49재 날 전개된 3·3 평화 대행진
경찰 봉쇄로 49재 제대로 못 치러

— 그런 속에서도 박종철을 기억하고 고문·살인 정권을 규탄하는 사람들은 2·7 추도 대회에 이어 3·3 평화 대행진으로 나아갔다. 3·3 평화 대행진 준비, 어떻게 이뤄졌나.

비록 동아일보 맨 끝 귀퉁이 1단을 차지했을 뿐이지만 '고 박종철 군 국민 추도회 준비위원회'에서는 2월 17일, '고문 추방 및 민주화를 위한 국민 평화 대행진'을 3월 3일 열기로 결의했다. 3월 3일은 박종철의 49재 날이었다. 49재는 불교에서 망자에 대한 빼놓을 수 없

김만철 일가는 1987년 1월 15일 배를 타고 북한을 탈출했다. 엔진 고장으로 표류하던 김만철 일가의 배는 일본 해상 순시선에 발견돼 20일 일본으로 예인됐다. 그 후 김만철 일가 처리 문제를 놓고 남북한과 일본, 나중에는 대만까지 밀고 당기기를 계속했다. 관계국들은 북한 송환, 한국행, 일본 망명, 제3국 망명 등 다양한 방안을 놓고 줄다리기를 거듭했다.

북한은 김만철 일가를 무조건 돌려보내라고 요구했다. 반면에 남한은 김만철 일가의 한국행을 일본에 공식 요청한 것에 더해, 협조를 당부하는 대통령 전두환의 친서까지 일본 수상에게 전달했다. 그러면서 김만철 일가를 적극적으로 설득했다. 이와 관련, 2017년 1월 20일 한겨레는 "당시 전두환 대통령은 남조선으로 오기만 하면 서울에 일등급 병원을 차려주고, 해달라는 거 다 해준다고 약속했다"는 김만철의 말을 전하고 그 약속은 이행되지 않았다고 보도했다.

이러한 남북 간 대립에 더해 일본 내에서도 의견이 엇갈렸다. 그뿐 아니라 김만철 일가 사이에서도 행선지를 놓고 의견이 분분했다. 이 시기에 일본 어선(후지산마루호) 선장이 불법 어로 혐의로 북한에 억류돼 있었던 점은 문제를 더 복잡하게 만들었다.

일본이 김만철 일가를 공해상에 추방하면 한국 쪽에서 데려가는 방법도 한일 간에 은밀히 논의되지만, 최종적으로 채택된 방안은 대만을 거쳐 한국에 가게 하는 것이었다. 난색을 표했던 대만 당국이 한국 정부의 요청에 결국 동의해 이 방안이 실행됐다.

한편 이 과정에서 일본 정부는 한국 정부 고위층과 가까운 한 막후 인사를 통해 '김만철 일가가 대만에 갈 수 있도록 대만 당국과 교섭해달라'고 한국 정부에 요청한 것으로 알려져 있다. 2011년 11월 7일 연합뉴스는 《외교가의 사람들》(노진환, 1993년)을 근거로 이 막후 인사가 세지마 류조라고 보도했다. 세지마 류조는 일본 정계의 흑막으로 불리며 한일 관계에도 상당한 영향력을 행사한 사람이다.

1987년 3월 3일은 박종철의 49재 날이었다. 3ㆍ3 평화 대행진을 막기 위해 정부는 전국의 경찰을 동원해 파고다공원 주변을 원천 봉쇄했다. 사진 출처: 국가기록원

는 의례 아닌가. 박종철 가족은 독실한 불교 신자였다. 불교계가 민주화 운동에 관심을 갖게 하는 데 박 군 고문 사망 사건은 촉진제가 됐다. 서의현 총무원장은 발 빠르게 1월 20일 49재를 범종단적으로 치르겠다고 발표했으나 정권이 압력을 넣자 뒤로 물러섰다. 그렇지만 정토구현전국승가회, 민중불교연합, 한국대학생불교연합회 등 여러 단체가 고 박종철 영가 49재 봉행 준비위원회를 구성하고 3월 3일 11시에 조계사에 모여 49재를 치를 것, 전국의 모든 사찰과 암자에서 49재를 봉행함과 동시에 11시에 타종할 것을 제안했다.

　　2·7 추도 대회를 앞두고 참가 요령을 발표한 것처럼, 국민 추도회 준비위원회는 2월 23일 고문 추방 및 민주화를 위한 국민 평화 대행진 행동 지침을 발표했다. 3월 3일 정오에 3·1운동 진원지인 파고다공원을 향해 시민들이 서 있는 그 자리에서 인도를 따라 행진을 시작하자고 호소했다. 그러고 나서 오후 1시 파고다공원에 모여 추도

1987년 3월 3일 부산 평화 대행진 출발 예정지인 대각사 입구를 가로막은 경찰들. 사진 출처: 부산민주항쟁기념사업회

묵념, 애국가 제창, 만세 삼창으로 끝맺기로 했다. 김수환 추기경은 2월 14일 '민주화와 회개를 위한 9일 기도회'를 2월 28일부터 3월 8일까지 전국의 모든 본당과 신학교 및 수도 단체에서 열 것을 요청했다. 그야말로 범종단적으로 기도회를 열자는 제안이었다. 천주교는 2·7 추도 대회 이후 교구별로 추도회를 열었고 시위도 있었다.

이번에도 전두환 정권은 경찰을 대규모로 동원해 원천 봉쇄에 나섰다. 3월 2일 밤 9시부터 그다음 날 오전 7시까지 경찰은 1만 2,000여 명의 병력을 동원해 서울 곳곳에서 검문검색을 실시했다. 3월 3일에는 서울에 2만 2,000여 명을 배치하는 등 전국에서 경찰 6만여 명을 동원했다. 서울 도심의 5층 이상 건물 옥상은 완전히 봉쇄됐다. 파고다공원 정문에는 '내부 수리 중'이라는 '안내문'이 붙었다.

——— 3월 3일 상황은 어떠했나.

경찰은 전날 밤부터 조계사 출입을 통제했다. 승려와 신도들은 조계사 입구에서 몸싸움을 벌이다 경찰의 벽을 뚫지 못해 결국 노상에서 49재 천도재를 거행했다. 신민당 이민우 총재와 당 간부들은 파고다공원을 향해 나섰지만 바로 경찰에 의해 차단당했다. 그래서 이들은 신민당사 계단에서 49재를 지냈다. 신민당 의원들은 경찰에 쫓긴 학생들과 종묘공원에서 합세해 파고다공원 쪽으로 나아갔으나 최루탄을 쏘아대는 경찰에 의해 곧 제지당했다.

오전 11시 50분경 종로 일대에서 학생들이 태극기를 흔들고 애국가를 부르며 가두시위에 나섰다. 조금 지나서는 청계 4가 일대에서 학생, 노동자, 민통련 회원 등이 시위를 벌였다. 처음에는 500여 명이었는데 순식간에 2,000여 명으로 불어났다. 시위대가 구호를 외치면 부근의 육교, 상가 주변에 있던 1,000여 명의 시민들이 뜨거운 박수로 화답했다. 경찰이 최루탄을 발사하고 학생들을 뒤쫓아 잡을 때에는 시민들이 "우-우-우" 하고 야유를 보냈다. 이날도 제헌 의회 계열 학생과 노동자 500여 명은 제기동과 경동시장에서 화염병을 던지며 10여 분 동안 기습 시위를 벌였다.

이날 부산에는 정사복 경찰 4,600여 명이 시내 곳곳에 배치됐다. 그런 가운데 사리암에서 박종철의 부모와 가족, 친지, 해인사 주지 명진, 통도사 주지 청하 등 400여 명이 모여 49재를 지냈다. 오후 5시경 500여 명의 학생들이 미화당백화점 근처에서 시위를 벌였고, 6시 무렵에는 대각사 앞에서 7개 단체 회원들과 학생들이 대행진을 시도했다.

광주의 경우 광주사암연합회 주최로 원각사에서 49재를 지냈다.

오후 4시 40분경부터 밤 9시경까지 학생들이 산발적으로 시위를 벌였다. 대구에서는 오후 2시경 시위가 시작됐다. 처음에는 800여 명이 었다가 1,500여 명으로 불어났는데, 경찰이 최루탄을 무차별 난사하자 해산했다. 오후 7시경에는 런던제과 사거리에서 시민 600여 명이 행진했다. 대전, 전주에서도 시위가 있었다. 교도소에서도 3·3 대행진에 호응했다. 전국의 교도소에 갇혀 있던 양심수들은 3월 7일까지를 애도 기간으로 정하고 단식에 들어갔다.

3월 3일 이날 전국 46개 대학에서 학생 6,000여 명이 교내에서 49재 대행진 출정식을 열고 시위에 나섰다. 그렇지만 3·3 평화 대행진은 경찰의 봉쇄 때문에 부산 사리암 49재를 제외하고는 원래 의도대로 진행되지 못했다. 2·7 추도 대회와 비교하면 학생이건 시민이건 참여자가 적었고 더 평화적이었다.

2·7 추도 대회와 3·3 평화 대행진, 6월항쟁의 기본 틀을 제시하다

── 박종철을 죽인 것으로도 모자라 정권 차원에서 조직적인 진실 은폐, 조작 공작을 편 시기에 2·7 추도 대회와 3·3 평화 대행진이 이뤄졌다. 박종철의 안타까운 죽음부터 6월항쟁에 이르는 과정에서 이 두 행사는 어떤 의미가 있었다고 보나.

2·7 추도 대회와 3·3 평화 대행진은 6월항쟁의 기본 틀을 제시해줬다. 그 점에서 대단히 큰 의미가 있다. 학생들의 참여 정도가 약하기는 했지만 야당과 재야, 종교 세력, 학생이 민주 연합을 형성했

다는 점이 중요하다. 무엇보다도 여러 지역에서 '동시다발' 투쟁을 전개했다는 점이 의미가 크다. 2월 7일 경찰은 전체 경찰력 12만 명의 거의 절반에 육박하는 5만 3,660명을 2·7 추도 대회를 봉쇄하는 데 투입했고 그중 3만 6,000명은 서울에 배치했다. 그러나 동시다발로 진행되자 3·3 평화 대행진 때에는 투입 경찰력을 6만여 명으로 늘렸다. 그렇지만 서울에는 2만 2,000명밖에 배치할 수 없었다. 동시다발의 효과는 이렇게 빨랐다. 이제 주요 도시에서 한꺼번에 일어나면 서울도, 지방도 경찰력이 모자라 쩔쩔 매지 않을 수 없게 될 터였다. 또 행동 지침에 따라 차량에서 경적을 울렸고 교회와 성당에서는 타종을 했다.

2·7 추도 대회와 3·3 평화 대행진을 통해 적지 않은 사람이 용기를 얻었고 고무됐다. 두 행사는 사람들이 전두환 정권의 폭압을 뚫고 민주화로 나아갈 수 있는 길이 열렸다는 자신감을 어느 정도 가질 수 있는 계기가 됐다.

의도치 않게 개헌 열기 되살린
전두환의 자살골, 4·13 호헌 조치

6월항쟁의 전개, 세 번째 마당

전두환의 치명적 자살골,
4·13 호헌 조치

김 덕 련 1987년 1월 박종철이 세상을 떠난 후 2·7 추도 대회와 3·3 평화 대행진이 있었다. 그 후 6월항쟁에 이르는 과정을 살펴볼 때 빠지지 않는 것이 4·13 호헌 조치와 5·18 박종철 고문 사망 은폐·조작 폭로다. 먼저 4·13 호헌 조치를 짚어봤으면 한다. 호헌 조치란 말 그대로 현행 헌법, 즉 12·12쿠데타(1979년)와 5·17쿠데타(1980년)를 일으켜 권력을 움켜쥔 전두환·신군부가 만든 헌법을 바꾸지 않겠다는 뜻이다. 직선제 개헌 요구를 거부한 이 조치는 당시 어떤 의미가 있었나.

서 중 석 호헌 조치라는 전두환의 자살골이 없었어도 6월항쟁이 일어날 수 있었을까? 김주열 시신이 떠오르면서 일어난 제2차 마산의거가 없었다면 4·19가 나올 수 있었을까 하고 묻는 것과 비슷한 물음이다. 3·3 평화 대행진 이후 마땅히 싸울 만한 이슈가 없어 민주화 운동 세력이 한 달 이상 손을 놓을 수밖에 없는 상황이었다. 학생들은 개학을 했는데도 교내 문제에 집중했고 반정부 투쟁을 별로 하려고 하지 않았다. 전두환의 호헌 조치가 없었더라면 개헌 운동, 민주화 운동은 상당 기간 지체되었을지도 모른다.

전두환의 호헌 조치는 시민들의 개헌 열기를 한꺼번에 솟구치게 했다. 호헌 철폐 투쟁은 2·7, 3·3과 달리 국민 추도회 준비위원회나 민통련과 관계없이 일어났다. 학생 운동과도 전혀 관계가 없었다. 교수, 종교인들이 앞장섰지만 각계 각 분야의 시민들이 자발적으로 했다.

민정당은 두령頭領이 호헌 조치를 했기 때문에 절대적으로 그것에 복종해야 했다. 어떤 융통성을 가지고 대야 활동이나 대국민 활동을 할 수가 없었다. 부분적인 민주화 카드를 내놓고 내각제를 밀고 나갈 수도 없었다. 민정당이 손발이 꽁꽁 묶인 상태에서 호헌 철폐 투쟁-민주화 운동은 기세를 올리며 커졌다.

급시우及時雨라는 말이 있다. 《수호지》에 나오는 양산박 두령 송강의 별호인데, 때맞춰 내리는 비를 말한다. 전두환의 호헌 조치는 박종철 고문 사망 및 2·7 추도 대회, 3·3 평화 대행진에 이어 6월항쟁으로 나아가는 큰길을 열어놓았다. 4·13 호헌 조치는 그야말로 급시우, 때맞춰 내린 비였다. 박종철 고문 사망이 전두환의 초강경 초토화 작전에서 비롯됐다면, 전두환은 이번에는 4·13 호헌 조치라는 자살골을 넣는 치명적 실수를 저질렀다.

난 이 4·13 호헌 조치가 굉장히 중요하다고 본다. 전두환은 퇴임 후 자신의 안전을 보장받기 위해서는 호헌 조치밖에 없다고 확신했고, 장세동 안기부장은 거기에 보조를 맞췄다. 그렇게 해서 나오게 된 4·13 호헌 조치가 없었다면 문제가 상당히 복잡하게 전개될 수도 있었다.

── 4·13 호헌 조치가 나올 무렵 정국은 어떠했나.

1987년 4월 13일 석간신문에 세 개의 주요 기사가 실렸다. 하나는 1986년 10월 국시 발언 사건으로 구속 기소된 유성환 의원이 반년 만에 유죄 선고를 받았다는 기사였다. 법원은 이날 유성환에게 징역 1년에 자격 정지 1년을 선고했다. 그 검찰에 그 법원이었다.

다른 하나는 통일민주당 창당 발기인 대회 기사였다. 본래

YWCA 대강당에서 열 예정이었는데, 출입문이 봉쇄된 탓에 어쩔 수 없이 장소를 바꿔 민추협(민주화추진협의회) 사무실에서 대회를 열었다. 참가자들은 직선제 개헌과 비폭력 투쟁을 다짐하고 김영삼을 위원장으로 선출했다.

전에 말한 것처럼 1986년 12월 24일 이민우 신민당 총재는 이민우 구상(7개 항의 민주화 조치가 이뤄지면 내각제 개헌안을 긍정적으로 검토할 수 있다)이라는 걸 발표했다. 김대중과 김영삼은 이민우 구상 철회를 강력히 요구했다. 이민우가 장기 집권을 전제로 추진되고 있는 민정당의 내각제 개헌 시도와 타협하려는 것 아닌가 하는 의구심을 품었기 때문이다. 재야도 이민우 구상이 직선제 개헌 운동과 민주화 운동을 혼란에 빠뜨리는 아주 고약한 장애물이라고 인식했다. 이민우 구상으로 신민당은 심한 내분에 휩싸였다.

그런 상황에서 4월 8일 양김은 신당 창당을 선언했다. 신민당 의원의 대다수인 74명이 탈당해 신당에 참여하기로 했다. 4월 9일 74명 중 63명이 참여한 가운데 창당 주비위원회가 구성됐다. 그것에 이어 13일 발기인 대회가 열린 것이다.

남은 하나가 바로 4·13 호헌 조치였다. 신문들은 신당 발기인 대회 날짜에 맞춰 취해진 4·13 호헌 조치를 가장 크게, 1면 톱기사로 실은 것에 더해 여러 면에 걸쳐 관련 기사를 게재하며 크게 다뤘다.

전두환은 왜, 언제부터
호헌 조치를 하려 했나

— 전두환은 왜 이때 호헌 조치라는 카드를 꺼낸 것인가.

1987년 4월 13일 전두환은 "임기 중 개헌이 불가능하다고 판단하고, 현행 헌법에 따라 내년 2월 25일 본인의 임기와 더불어 후임자에게 정부를 이양할 것"이라는 내용의 특별 담화를 발표했다.
사진 출처: 국가기록원

4월 13일, 전두환이 호헌 조치를 발표한 이날은 박종철이 고문 사망한 1월 14일, 박종철 고문 사망 은폐·조작 사실이 폭로된 5월 18일, 국민 대회가 열린 6월 10일과 함께 1987년 한국 민주화 여정에서 잊을 수 없는 날이 됐다. 전두환은 이날 특별 담화를 통해 "이제 본인은 임기 중 개헌이 불가능하다고 판단하고, 현행 헌법에 따라 내년 2월 25일 본인의 임기와 더불어 후임자에게 정부를 이양할 것"이라고 밝혔다.

앞에서도 말한 것처럼 전두환은 대통령에서 물러난 다음에 신변 안전을 보장받기 위해서는 자기가 만든 헌법에 따라 다음 대통령이 나오는 길밖에 없다고 굳게 확신했다. 그게 4·13 호헌 조치의 기본 배경이다.

4·13 호헌 조치가 나온 요인에 대해서는 몇 가지 주장이 있다.

언론이나 민주화 운동권에는 전두환이 2·7 추도 대회나 3·3 평화 대행진을 대규모 경찰 병력으로 봉쇄한 것에서 자신감을 얻어 이 조치를 취했다고 보는 시각이 있다. 새 학기가 시작됐는데도 대학가에서 별다른 움직임이 나타나지 않은 것이 또 다른 배경으로 작용했다는 주장도 있다. 김영삼, 김대중이 신당 창당을 선언한 것에 자극을 받아 전두환이 호헌 조치를 했다는 주장도 있다. 이 가운데 마지막 부분, 즉 양김의 신당 창당 선언은 전두환이 호헌 조치를 내리는 데 구실이 됐을 뿐이다.

전두환은 일찍부터 호헌 조치를 생각하고 있었다.《전두환 육성 증언》에 나오는 발언이라든가 여러 가지를 놓고 볼 때 그렇다. 1986년 하반기에 민정당이 내각제 개헌안을 가지고 야당과 개헌 논의를 할 때도 내심으로는 호헌 조치를 생각하고 있었다. 4·13 호헌 조치를 구체적으로 결정한 시점에 대해서는 김성익의《전두환 육성 증언》, 박철언 회고록 같은 데에 상세히 나온다.

2월 23일 전두환은 노태우, 장세동을 만나 개헌 논의를 유보하는 특별 선언을 하기로 했다고 말했다.* 구체적으로 호헌 조치를 하겠다는 걸 확실하게 밝힌 것이다. 3월 9일 전두환은 김성익 비서에게 개헌 논의 중지 선언에 대비한 담화문 초안을 작성하라고 지시했다. 3월 28일 전두환은 그 초안을 1차 검토했는데, 이때까지는 호헌 조치

---

* 이에 앞서 전두환은 현행 헌법에 대한 국민 투표 실시를 검토했다. 박철언은 1987년 2월 21일 노태우가 자신에게 '대통령으로부터 전격적, 기습적 국민 투표를 준비하라는 지시를 받았다'고 말했다고 회고록에 썼다. 전두환은 노태우에게 "국민 투표에 부쳐 (개헌) 연기가 확인되면 정통성이 확인되는 것"이라며 "통과가 안 되면 사임하겠다는 뜻을 포함시키는 것이 어떤가?"라고 물었다고 한다. "통과가 안 되면 사임" 부분은 1975년 박정희가 보인 모습을 떠오르게 만든다. 유신 반대 목소리가 점점 커지자 박정희는 '유신 헌법 찬반 국민 투표를 1975년 2월 12일에 실시하겠다'는 특별 담화를 기습적으로 발표했다. 그러면서 '만약 국민 투표에서 지면 퇴진하겠다'고 국민을 압박했다.

를 언제 발표할지 정하지 않은 상태였다.

그런데 4월 8일 양김이 신당 창당을 선언하지 않았나. 성질 급한 전두환은 즉각 비서들을 불렀다. 다음 주 월요일(4월 13일)에 호헌 조치를 발표하는 게 좋겠다고 비서들에게 얘기하고, 그것에 대한 담화문을 최종 재가했다. 그렇게 해서 나온 전두환의 호헌 조치에 대해 민정당 내부에서 전부 지지만 한 건 아니었다.

전두환의 호헌 조치로
개헌 관련 정치력이 차단된 민정당

— 민정당 내부 사정은 어떠했나. 그리고 4·13 호헌 조치가 없었다면 문제가 상당히 복잡하게 전개될 수도 있었다고 앞에서 말했는데, 어떤 의미에서 그러했나.

'여야 합의 개헌을 위해 뭔가 더 노력을 해봐야 한다', 이춘구 사무총장을 비롯해 민정당 당직자들 중에는 이런 생각을 하는 사람들이 있었다. '호헌 조치는 정국을 풀어갈 다른 어떤 방안도 있을 수 없게 만드는, 그런 방안을 가로막는 벽이 될 수도 있다', 이런 두려움도 갖고 있었다. 4·13 호헌 조치가 나오기 전인 2월 하순 이춘구는 개헌 문제에 여야 합의가 이뤄지지 않으면 6~7월에 합법적으로 개헌하겠다고 말했다. 이춘구는 호헌이 개헌과 본질적으로 배치되므로 개헌 방침을 정한 정부, 여당이 하책下策인 호헌을 추진할 이유가 없다고도 말했다. 호헌을 하책이라고 낮게 평가한 점을 주목할 만하다.

당시 권력층 내부를 보면 전두환 및 장세동 등의 무단파는 여야 합의 개헌은 벌써 물 건너갔다고 보고 있었다. 따라서 퇴임 후 전두환의 안전을 확고히 보장할 수 있는 호헌 조치로 후계 구도를 굳혀야 한다는 구상을 하고 있었다.

그렇지만 이춘구 등은 생각이 달랐다. '그동안 민정당이 합의 개헌을 주장하지 않았느냐. 개헌은 어쩔 수 없는 대세다', 이렇게 보고 있었다. 그러니까 계속 야당에 '여야가 합의해 개헌하자'고 하다가, 합의가 안 되면 6월이나 7월쯤 가서 '대선이 얼마 안 남았다. 그러니 이제 합법 개헌을 하자', 그건 내각제일 텐데, 국회에서 다수결로 정하자고 하고 그러면서 민주화 운동 쪽에서 요구하는 사항 중 몇 가지, 예컨대 이민우 구상에 담긴 것들을 들어주는 시늉을 하면 문제를 자기들 뜻대로 풀어나갈 수 있지 않겠느냐고 판단하고 있었다.

그리고 김대중, 김영삼을 정치권에서 배제하려 한 무단파와 달리 이춘구 등은 현실적으로 그건 불가능하다고 여겼다. 이춘구는 노태우 대통령 만들기의 핵심 인물로, 1월에 박종철 고문 사망에 대한 인책 문제가 나왔을 때 전두환으로 하여금 김종호 내무부 장관을 경질하고 그 후임으로 정호용을 기용하게 만든 장본인이었다.

이렇게 권력층 내부에서 판단이 엇갈리긴 했지만, 전두환이 4월 13일 호헌 조치를 발표함으로써 민정당은 무조건 따라갈 수밖에 없었다. 6월항쟁 같은 대규모 시위가 일어나도 민정당은 수습을 위한 대안이랄까 방책을 제시할 수 없었다. 전두환이 호헌 조치로 딱 막아버렸기 때문에 민정당에서 다른 얘기를 할 수가 없게 됐다, 이 말이다. 파시스트 국가에서 두령, 소위 영도자라는 자가 한번 결정해버리면 추종자들은 그걸 따라갈 수밖에 없는 것과 똑같았다.

여야 합의 개헌 종용한 미국,
전두환 호헌 조치에 불안

—— 1986년 필리핀에서 마르코스 독재 정권이 무너지는 것을 본 미국은 한국인들의 민주화 열망을 더욱 경계했다. 그렇다고 해서 전두환 정권의 초강경 정책을 마냥 지지하기도 어려운 처지였다. 미국으로서는 그러다가 전두환 정권이 무너지면 자국이 주도하는 동아시아 반공 체제에 균열이 생길 수도 있다는 점을 계산에 넣어야 했기 때문이다. 미국은 4·13 호헌 조치에 어떤 반응을 보였나.

전두환이 4·13 호헌 조치를 내린 데에는 미국에 대한 오판도 한몫했다. 한국에서 개헌 문제가 첨예하게 등장하자 미국도 깊은 관심을 갖게 됐다. 그런 속에서 1986년 5월 7~8일 조지 슐츠 국무부 장관이 방한해 "직선제만이 민주주의의 요소라고 보지 않는다"고 명확히 얘기했다. 이때 슐츠 일행이 폭발물을 탐지하는 개를 데려와서 또 참말이 많았다. 사진까지 나고 그랬다. 그렇지 않아도 미국을 미워하는 사람이 많을 때였는데, 정부 종합 청사에 폭발물 탐지견을 데려가서 비웃음을 사고 비난도 많이 받았다.˚ 그것에 이어 미국은 그해 12월 24일 이민우 구상이 나왔을 때 호의를 표했다.

1987년에 들어와 미국은 여야의 '마주 보고 달리는 두 기관차'를

˚ 동아일보에 따르면, 미국 측은 송아지만 한 셰퍼드 한 마리를 한미 외상 회담이 열린 정부 종합 청사의 귀빈용 승강기에 태운 다음 장관실까지 끌고 가 화약 냄새를 맡게 했다. 그리고 나서 이 군견을 청사 현관에 앉혀놓았다. 장관실까지 개를 데리고 들어간 것은 한국 쪽에 사전 통보 없이 이뤄진 조치였다.

1987년 3월 6일 내한한 조지 슐츠 미국 국무부 장관과 전두환. 정치권이든, 운동권이든 다들 슐츠의 입이 매우 중요하다고 봤다. 그런데 한국에 온 슐츠는 여야가 타협할 것을 권했다. 이건 야당의 굴복을 뜻하는 것이었다. 사진 출처: 국가기록원

조정하기 위해 적극적으로 개입했다. 2월에 개스틴 시거 국무부 동아시아·태평양 담당 차관보는 여야 간의 합의 개헌을 촉구했다. 그건 내각제를 하라는 것과 똑같은 얘기였다.

대단히 민감한 시기였던 3월 6일 슐츠 국무부 장관이 다시 한국에 왔다. 이때 전두환 정권이건 야당이건 또 언론이건 지식인이건 학생들이건 모두 신경을 곤두세웠다. 당시 활동한 사람들은 다들 슐츠의 입이 매우 중요하다고 봤다. 그런데 한국에 온 슐츠는 여야가 타협할 것을 권했다. 이건 야당의 굴복을 뜻하는 것이었다. 그때 동아일보에 양김이 몹시 실망했다는 보도가 나오고 그랬다. 양김의 직선제 개헌 주장에 미국이 거리를 둔 것인데, 이러한 미국의 입장은 전두환으로 하여금 '직선제만 주장하는 신당 창당에 맞춰 호헌 조치를 할 경우 미국이 강력히 반대하지는 않을 것이다', 이런 생각을 갖게

끔 했다.

그렇지만 사실 미국의 입장은 호헌 조치를 밀어붙인 전두환보다는 이춘구나 이민우 생각에 더 가까웠다. 미국은 실질적으로 여권의 내각제 개헌안이나 이민우 구상에 호의적이었고, 여야 합의 개헌을 종용하고 있었다. 그런 상황에서 전두환이 성급하게 4·13 호헌 조치를 발표해버린 것이다. 이건 미국으로서는 불만스러운 조치였다. 4·13 호헌 조치 직후 미국 국무부는 "다음의 한국 정부는 개방적이어야 하며 광범위한 국민들의 지지 기반을 가져야 한다는 것이 중요하다"고 논평하는 등 개헌 논의 중단에 유감을 표명했다.

개헌 열기를 되살린
4·13 호헌 조치의 역설

── 4·13 호헌 조치는 민주화 여정에 어떤 영향을 끼쳤나.

역사는 신묘하게 전개될 때가 있다. 4·13 호헌 조치는 3·3 평화 대행진 이후 뚜렷한 이슈가 없어 고민하던 민주화 운동 세력을 일거에 크게 자극했다. 또 민주화를 바라고 있던 시민 세력에 큰 자극을 줬다. 그런 점에서도 대단히 중요했다.

그뿐 아니라 1986년 5·3사태 이후 잠복해 있던 민중들의 개헌 열망을 일깨워놓았다. 2·7 추도 대회나 3·3 평화 대행진은 민주화 운동이라고는 볼 수 있어도 개헌 운동이라고 보기는 어렵다. 그런데 4·13 호헌 조치는 '이제 개헌으로 가자', 이런 분위기를 1년 만에 확키워놓았다. 개헌 열기가 되살아나게 만든 것이다. 4·13 호헌 조치는 개헌 투쟁의 초점을 명확히 했을 뿐만 아니라 1986년 봄에 불었던 개헌 열풍처럼 국민을 결집시키는 큰 역할을 했다.

전두환은 자신도 모르는 사이에 다시는 돌아올 수 없는 다리를 건넜다. 전두환의 성급한 4·13 호헌 조치는 각계각층의 호헌 철폐 투쟁, 군부 독재 타도 투쟁, 직선제 쟁취 투쟁을 촉발했다. 바로 그것이 6월항쟁으로 나아가는 큰길을 열어놓았다.

활화산처럼 타오른 호헌 철폐 투쟁, '박종철 고문 사망 조작' 폭로의 파장

6월항쟁의 전개, 네 번째 마당

전두환의 호헌 조치 후 발생한
노골적인 정치 폭력, 용팔이 사건

김 덕 련 1987년 4월 13일 창당 발기인 대회를 열고 직선제 개헌을 다짐한 야권 신당은 전두환의 4·13 호헌 조치 후 어떤 상황에 놓였나.

서 중 석 4월 13일 이후 신당은 심한 탄압에 직면했다. 이철 의원이 전격 기소됐고, 신당에 참여한 김용오 의원은 구속됐다. 창당 대회 장소도 구하기 어려운 상황이었다. 신당을 만들기 위해 지구당 대회가 각지에서 열렸는데, 각목과 쇠파이프로 무장한 괴한들이 백주에 잇따라 나타나 대회장을 점거하고 난동을 부렸다. 세칭 용팔이 사건이 일어난 것이다.

　양김과 대립하던 신민당 비주류에서 이 사건을 일으킨 것으로 보도됐지만, 백주의 난동 배후에 안기부를 비롯한 전두환 정권이 있다는 건 쉽게 알 수 있었다. 이러한 사태는 전두환 정권의 폭력성을 뚜렷이 부각시켰다.●

　전두환 정권의 방해 책동에도 신당은 소속 의원 67명으로 원내

● 전두환 집권기에는 이 사건 수사가 지지부진했다. 전두환 정권이 막을 내린 이후인 1988년 9월에야 용팔이(김용남)가 검거됐다. 사건 발생 1년 5개월 만이었다. 1989년에는 이택희(사건 당시 신민당 의원)가 용팔이의 배후로 검거됐다. 그 이후에도 다른 관련자가 구속됐지만, 이 정치 폭력 사건과 전두환 정권의 관련성 등의 문제는 규명되지 않은 채 남아 있었다. 1993년 김영삼 정권이 들어서면서 재조사가 이뤄졌다. 김영삼 대통령에 취임한 그해 2월 25일 이택돈(사건 당시 신민당 의원)이, 3월 9일에는 장세동(사건 당시 안기부장)이 구속됐다. 검찰 조사에 따르면, 장세동과 이택희·이택돈은 1986년 12월부터 안기부의 궁정동 안가 등에서 만나 정치 현안을 논의했고 그 과정에서 용팔이 사건을 모의했다. 이 사건이 있기 1년 전부터 장세동이 이택희를 수시로 만났고 그때마다 수백만 원에서 수천만 원에 이르는 정치 자금을 대준 사실도 드러났다.

교섭 단체 등록을 했다. 그리고 5월 1일 가까스로 창당 대회를 열어, 이게 통일민주당인데, 김영삼을 총재로 선출했다.

창당 후에도 탄압은 계속됐다. 검찰은 김영삼 총재의 취임사와 통일민주당 정강 정책이 국가 모독이라고 단정하고 계속 소환 으름장을 놓았고, 이로 인해 소환과 소환 불응의 공방전이 벌어졌다. 김 총재는 호헌 조치 철회를 요구하면서도 여러 차례 실세 간 대화를 통해 난국을 풀어가자고 했으나, 민정당은 민주당을 대화 상대로 인정하지 않았다.

활화산처럼 타오른
호헌 철폐 투쟁

── 4·13 호헌 조치는 거센 반발을 불러일으킬 수밖에 없지 않았나.

4월 13일 바로 그날부터 호헌 조치에 대한 반대 성명이 쏟아졌다. 4월 13일 대한변호사협회 등에서 반대 의사를 발표했다. 14일에는 전국 목회자정의평화실천협의회(목협)에서 전두환 정권 퇴진을 요구했고 KNCC는 4·13 호헌 조치에 반대하는 성명을 냈다. 개신교의 다른 여러 단체에서도 호헌 조치를 반대한다고 밝혔다.

호헌 철폐 투쟁은 4월 21일, 22일경부터 활화산처럼 타올랐다. 21일 천주교 사제들의 단식 투쟁과 22일 대학 교수들의 시국 선언문 발표는 모두 기다렸다는 듯 순식간에 큰 호응을 얻었고, 그러면서 4·13 호헌 조치 철폐 운동을 한 단계 끌어올리는 기폭제가 됐다.

4월 21일 천주교 광주 대교구 소속 신부 19명이 '직선제 개헌을 위한 단식기도를 드리며'라는 성명을 발표하고 29일까지 단식에 들어가겠다고 밝혔다. 그러자 다른 지역의 천주교 사제들은 물론 개신교 목회자들도 연이어 그것에 호응하는 투쟁에 들어갔다. 천주교에서는 전주, 서울, 안동, 원주, 인천, 춘천, 마산, 부산, 대전, 청주 교구에서 많은 사제들이 단식기도에 동참했다. 보수적인 대구 교구와 수원 교구에서도 일부 사제들이 단식기도에 들어갔다. 광주 대교구 수녀 79명, 원주 교구 수녀 21명도 단식기도에 동참했다. 5월 4일 정의구현전국사제단은 민주 개헌에 서명한 신부 571명의 명단을 발표했다. 전체 신부 숫자의 절반에 가까운 인원이었다. 개신교 목사들은 5월에 들어와서 단식기도를 많이 했다. 서울 목협, 부산 목협의 목회자들과 인천, 춘천, 대전, 익산, 청주 지역의 목회자들이 단식기도에 돌입했다.

4월 22일에 시작된 대학 교수 성명은 학생들에게 영향을 줬고 사회에 대한 파급력도 컸다. 4월 22일 고려대 교수 30명이 성명을 냈다. 고려대 교수들은 1986년 봄 개헌 서명 운동이 벌어질 때 가장 먼저 시국 선언을 발표했는데, 4·13 호헌 조치 반대 성명도 제일 먼저 냈다. 이어서 광주가톨릭대, 서강대, 성균관대, 가톨릭대 교수들이 성명을 발표했고 서울대에서는 교수 122명이 성명을 냈다. 5월에 들어오면 전국의 주요 대학에서 거의 다 성명이 나올 정도로 많은 대학 교수들이 4·13 호헌 조치에 반대하는 성명을 발표했다.

── 4·13 호헌 조치를 규탄하는 목소리는 종교인과 교수뿐 아니라 각계에서 터져 나오지 않았나.

호헌 반대, 개헌 지지 성명을 내는 층이나 직업의 폭은 5월에 훨

썬 넓어졌다. 그야말로 각계각층, 각 분야에서 시국 선언에 참여했다.

5월 2일 민족미술협의회 등 6개 문화 단체가, 6일에는 연극 연출가, 평론가, 극작가 등 연극인 18명이, 7일에는 해직 교사 58명이 성명을 냈다. 그 뒤를 이어 화가, 미술 평론가, 조소 공예가, 사진작가, 만화가 등이 4·13 호헌 조치를 무조건 철회하라고 요구했다. 감독, 조감독, 시나리오 작가, 배우, 영화 음악 작곡가, 촬영 기사 등 영화인들도 성명을 발표했다.

4월 29일에 문인 206명의, 30일에 문화 예술인들의 호헌 철폐 성명이 나왔는데 며칠 후 이색적인 성명이 나왔다. 5월 8일 예술문화단체총연합(회장 조경희)에서 "일부 정치인과 예술인이 국론을 분열시키는 행위"에 심각한 유감을 표명했다. 그다음 날에는 김동리가 이사장인 한국문인협회에서 "사회 혼란을 야기하고 있는 비국민적 행동"에 유감을 나타내고 '극소수 문인들'의 양식을 개탄했는데, 여기서 '극소수 문인들'은 호헌 철폐 성명서를 낸 문인들을 가리키는 것이 확실하다. 이승만 정권 말기 3·15 정부통령 선거에서 이승만과 이기붕을 지지했던 '만송(이기붕 호)족'으로 얘기되던 김동리, 모윤숙 등을 떠올리게 하는 성명이었다. 5월 21일에는 출판인(발행인, 편집인, 영업인)이, 5월 25일에는 작곡가가, 5월 28일에는 대구 지역 공연 예술인이, 29일에는 부산 치과 의사와 대구의 공연 예술인이 성명을 냈다. 시국 선언은 6월에도 계속됐다. 6월 1일 부산과 경남 지역 약사들이, 4일에는 서울과 경기 지역 치과 의사들이, 5일에는 연주인과 가수 등 대중 연예인, 광주 지역 미술인, 한의사, 수도권 지역 치과 의사들이 성명을 냈다.

5월 16일에는 조계종 승려 751명이 호헌 반대 성명을 냈다. 그로부터 며칠 후 법주사, 해인사, 직지사 등 큰 사찰의 학인學人 승려들이 단식기도에 돌입했다. 운문사 비구니 200명, 동학사 비구니 114명도 단식기도에 들어갔다. 동아일보, 서울신문, 한국일보, 대구매일, 코리아타임스 등의 기자들도 4·13 호헌 조치를 철회하고 언론 자유를 보장하라고 요구했다. 변호사들도 성명을 냈다.

인기 있는 1단 기사,
호헌 반대 성명

—— 4·13 호헌 조치 후 학생 쪽 움직임은 어떠했나.

4월 15일, 16일경부터 대학가에서 시위가 늘어났는데 4·13 호헌 조치와 관계가 있다고 볼 수 있다. 그렇지만 호헌 철폐 투쟁에 교수들이 대거 참여한 것에 비하면 학생들의 움직임은 소극적이었다. 그 점이 눈에 띈다.

4·13 호헌 조치를 반대하고 개헌을 촉구하는 각계각층의 성명은 대개 사회면 1단 기사로 실렸다. 그렇지만 아주 많은 독자가 궁금해하면서 찾는, 인기 있는 1단 기사였다. 학생들은 자신의 학교에서 어떤 교수가 서명했고 몇 명이나 서명했는지 신경 쓰기도 했다.

6월 1일 전두환은 수석비서관 회의에서 시국 선언에 대한 보고를 받았다. 시국 선언 교수가 50개 대학, 1,527명으로 전체 교수의 7퍼센트이며 서명 교수 중 50퍼센트가 조교수 이하 소장 학자들이고 문화 예술계에서는 1,031명이 시국 선언에 참여했으며 신부는 1,200명 중 353명이 서명했다는 보고였다.

호헌 반대 시국 선언에는 1919년 3·1운동처럼 그야말로 각계각층이 참여했다고 볼 수 있다. 지식인, 문화 예술인들이 시국 선언에 적극 참여했는데 가장 많이 참여한 쪽은 천주교, 개신교, 불교의 교직자, 승려, 신자였다.

'박종철 고문 사망 진상이 조작됐다', 역사를 바꾼 사제단의 폭로

—— 4·13 호헌 조치를 규탄하는 목소리가 터져 나오는 속에서 정의 구현전국사제단이 박종철 고문 사망의 진실을 폭로하지 않았나.

4·13 호헌 조치에 이어 전두환·신군부에 큰 타격을 가한 것이 5월 18일 박종철 고문 사망 은폐·조작 폭로였다. 1987년 5월 18일 명동성당에서 광주민중항쟁 제7주기 미사가 열렸다. 김수환 추기경의 강론과 미사가 끝나자 김승훈 신부가 떨리는 목소리로 '박종철 군 고문치사 사건의 진상이 조작되었다'는 제목의 글을 읽었다. 듣는 사람들이 귀를 의심할 정도로 놀라운 내용이었다.

김 신부는 말을 에둘러 하지 않고 첫마디부터 핵심을 찔렀다. "박종철 군을 직접 고문하여 죽게 한 하수인은 따로 있다. …… 박종철 군을 직접 고문하여 죽음에 이르게 한 진짜 범인은 (치안본부 대공수사단) 학원분과 1반 소속 경위 황정웅, 경사 방근곤, 경장 이정오로

● 여론과 정반대로 4·13 호헌 조치를 환영하는 목소리를 낸 곳도 물론 있었다. 전경련, 대한상의, 경총, 무역협회, 중소기업중앙회 같은 재계 단체들 그리고 한국반공연맹, 대한노인회, 대한상이군경회, 재향군인회, 광복회 등이 그러한 곳들이다. 기회 있을 때마다 전두환을 예찬했던 시인 서정주는 4·13 호헌 조치를 '구국의 결단'으로 치켜세웠다.

정의구현전국사제단 명의로 '박종철 군 고문치사 사건의
진상이 조작됐다'는 유인물을 배포하고 김승훈 신부가 그걸
낭독했다고 보도한 1987년 5월 19일 자 동아일보(오른쪽).

치안본부 5차장 박처원 치안감이
참석한 경찰 간부 회의에서 범인
축소 조작이 모의됐다는 대형
특종을 보도한 1987년 5월 22일
자 동아일보(왼쪽).

서 이들 진범들은 현재도 경찰관 신분을 그대로 유지하고 있다."●●
김 신부는 사건 은폐·조작 연출을 경찰 고위 간부가 맡았다고 지적
했다. 치안본부 2단장 전석린 경무관, 5과장 유정방 경정, 5과 2계장
박원택 경정 등이었다. 또한 사건 당시 치안본부장이던 강민창 역시
은폐 및 범인 조작에 개입한 흔적이 확실하다고 김 신부는 밝혔다.

─── 사제단이 용기 있게 진실을 드러냈지만, 그렇다고 해서 그것이
     곧바로 확인된 사실로 인정될 수는 없는 상황 아니었나.

●● 사제단의 폭로 후 경사 방근곤은 경장 반금곤, 경장 이정오는 경장 이정호로 밝혀졌다.

1987년 5월 22일 자 동아일보의 5면과 11면. 5면에는 김승훈 신부 및 이 사건으로 구속돼 있던 조한경 경위의 형과 변호사 인터뷰 등을 실었고 10면, 11면도 거의 전부를 관련 기사로 메웠다.

엄청난 진실이 폭로됐지만 그것을 일반인들한테 전달하는 역할은 언론이 맡아야 했다. 당시 TV가 그걸 할 리는 만무하고 신문이 했어야 하는데, 신문도 처음에는 아주 소극적이었다. 동아일보는 그다음 날인 5월 19일 자 석간에서 정의구현전국사제단 명의로 '박종철 군 고문치사 사건의 진상이 조작됐다'는 유인물을 배포하고 김승훈 신부가 그걸 낭독했다고 보도했다. 다른 신문들은 그 이후에 훨씬 작게, 1단 기사 정도로 짧게 보도했다.

그런데 정말 이상하게도 검찰과 경찰은 사제단의 주장이 상식적으로 불가능한 일이라고 반박하면서도, 사제단 발표에 대해 허위 사실 유포 혐의로 고발하겠다고 으름장을 놓지는 않았다. 그러면서 자체 조사에 나서겠다고 밝혔다.

초대형 폭탄과 다름없던 사제단 성명이 그대로 묻힐 수는 없었다. 용기 있는 취재원이 귀띔해줘서 동아일보 김차웅 차장은 치안본부 5차장 박처원 치안감이 참석한 경찰 간부 회의에서 범인 축소 조작이 모의됐다는 대형 특종을 잡았다. 이 대형 특종은 동아일보 5월 22일 자 1면에 '관련 상사 모임에서 범인 축소 조작 모의'라는 초대형 제목으로 뽑혀 머리기사로 실렸다. 세로 제목은 '박종철 군 고문치사 경관 3명 더 있었다', 사이드 제목은 '물고문 범인 추가 구속'이었다. 사제단의 폭로가 진실임이 확인된 것이다.

5월 22일 자 동아일보는, 박종철이 고문으로 사망한 직후인 1월 19일 자에서 보도를 잘했던 것처럼, 범인 축소 조작 건을 대대적으로 다뤘다. 2면 사설에서는 국정 조사권 발동을 주장했고 칼럼 란인 '여록'도 대부분을 이 사건에 할애했다. 5면에는 김승훈 신부 및 이 사건으로 구속돼 있던 조한경 경위의 형과 변호사 인터뷰 등을 실었고 10면, 11면도 거의 전부를 관련 기사로 메웠다. 이날 김영삼 통일민주당 총재는 범인 조작에 대한 인책으로 내각 총사퇴를 요구하는 한편 국회를 열어 국정 조사권을 발동할 것을 역설했다.

5월 23일 자 동아일보도 22일 자처럼 이 사건을 크게 다뤘다. 경찰의 은폐 모의 공작을 검찰 고위층이 석 달 전에 이미 알고도 수사 지휘권 발동을 포기한 것으로 알려졌으며, 법무부 고위 관계자들도 검찰이 파악한 그러한 정보를 오래전부터 보고받았다는 것이 1면 톱 기사 내용이었다. 법무부와 검찰의 최고 책임자들이 진상을 다 파악하고도 경찰의 은폐·조작 및 모의 공작 등을 묵인한 것 아니냐는 얘기였다. 이때 법무부 장관은 김성기, 검찰총장은 서동권이었는데 이 사람들도 경찰의 은폐 모의 공작을 알고 있었다고 볼 수밖에 없지 않느냐는 걸 말해주는 것이 아니겠나.● 동아일보는 이날 특별히 이 사건 관련 사설을 두 개 실었는데, 하나는 '국민 속이고 우롱한 죄-정부 전체가 크게 책임을 져야 한다'였고 다른 하나는 '거짓말, 거짓말, 거짓말'이었다.

● 2009년 진실·화해를 위한 과거사 정리 위원회는 이 사건 당시 "검찰 또한 사건의 진상을 충분히 인지하고 있었음에도 직무를 유기하여 수사를 제대로 진행하지 못"했고 "(정권의) 부당한 개입을 방조하고 은폐한 잘못이 있다"고 지적했다. 그러면서 "헌법에 독립성을 보장받고 있었음에도 권력층의 압력에 굴복해 진실 왜곡을 바로잡지 못한 점에 대해 사과할 필요가 있다"고 밝혔다.
이러한 지적에서도 드러나듯이 당시 수사 검사들은 박종철 고문 사망 사건 은폐·축소 의혹에서 자유롭지 못하다. 그렇지만 이들은 그 후 승승장구했다. 주임 검사였던 신창언은 1994년 헌법재판소 재판관이 됐다. 안상수 검사는 정치인으로 변신해 여당(한나라당) 대표를 지냈다. 박상옥 검사는 박근혜 정부에 들어와서 대법관이 됐다.
이들의 상관이었던 서동권 검찰총장과 정구영 서울지검장도 노태우 정권 때 승승장구했다. 서동권은 정의구현전국사제단의 박종철 고문 사망 은폐·조작 폭로 후 이뤄진 개각(1987년 5월 26일) 때 검찰총장에서 물러나지만, 노태우 정권 때 핵심 요직인 안기부장으로 등용됐다. 서동권은 노태우의 경북고 1년 후배이기도 하다. 정구영은 노태우 집권기에 청와대 민정수석을 거쳐 검찰총장을 지냈다.

이부영→전병용→김정남→사제단, 묻힐 뻔한 진실을 드러낸 주역들

── 사제단의 폭로는 역사를 바꿨다. 그런데 그에 앞서 사제단이 진실을 알게 된 과정도 극적이지 않았나.

김승훈 신부는 어떻게 해서 그런 놀라운 비밀을 알 수 있었느냐. 엄청난 폭탄 성명이 세상에 모습을 드러낼 수 있게 된 데에는 김승훈, 함세웅 두 신부 외에도 이부영, 김정남 등의 숨은 노력이 있었다.

동아일보 기자 출신으로 민통련(민주통일민중운동연합) 간부였던 이부영은 1986년 5·3 인천 사태로 수배됐다. 김정남도 이부영에게 편의를 제공했다는 이유로 수배 중이었다. 그러다가 이부영이 체포돼 감옥에 갇혔다. 그런데 얼마 후 박종철 고문 사망 사건으로 구속된 경위 조한경과 경사 강진규가 이부영이 갇혀 있는 영등포교도소에 들어왔다. 두 사람이 감옥에 면회 온 가족에게 억울하다고 말하다가 가족 면회가 금지됐고 경찰 간부들이 찾아와 회유했다는 얘기를 이부영은 교도관으로부터 알아냈다. 2·7 추도 대회를 맞아 20일간 단식에 들어갔던 이부영은 쇠창살을 통해 "두 분은 전두환 군사 독재의 희생자들"이라고 소리쳤다. 그러면서 두 경관과 가까워졌고, 이들로부터 자세한 얘기를 들을 수 있었다.

이제 그 진실을 밖으로 내보내야 했는데, 그게 쉬운 문제가 아니었다. 그렇지만 결국 이부영은 그때 역시 수배 중이던 전 교도관 전병용을 통해, 이 사람은 민통련 간부 장기표를 숨겨줬다고 해서 수배됐는데, 김정남한테 자신이 작성한 편지를 전달했다. 이때가 3월 중순께였다.

《감방별곡》을 출간하고 경향신문과 인터뷰하는 전병용 전 교도관(1990년 5월 12일 자). 전병용은 영화 <1987>에도 중요한 인물로 나오지만 민주화에 공로가 적지 않은 교도관이었다.

전병용은 영화 〈1987〉에도 중요한 인물로 나오지만 민주화에 공로가 적지 않은 교도관이었다. 민청학련 사건(1974년) 때 김지하 쪽지를 나한테도 준 사람이다. 전병용은 그 사건에서 지학순 주교의 양심선언이 나올 때에도 전달자로서 역할을 했다. 그 후에도 그런 일을 여러 번 했다. 1987년 이때는 교도관이 아니었지만 교도관들하고 아는 사이였기 때문에 이부영이 작성한 자료가 바깥에 나올 수 있도록 했고, 그러면서 그걸 김정남한테 전달한 것으로 보인다. 인권 변호사, 천주교, 재야를 연결하며 막후에서 중요한 활동을 해온 김정남은 이부영의 편지에다가 다른 곳에서 얻은 정보를 덧붙여 4월 말경 성명 초안을 작성했다.

문제는 이렇게 엄청난 내용이 담긴 글을 가지고 있다고 하더라도 그것을 어떻게 세상에 알리느냐 하는 것이었다. 임시 국회에서 야당 의원의 본회의 대정부 질의를 통해 공개하는 방법도 생각해봤지만, 야당 의원들은 거꾸로 자신을 시험에 들지 말게 해달라고 사정했다. 고심 끝에 김정남은 함세웅 신부와 김수환 추기경에게 편지를 썼다. 발표자가 구속될 가능성이 컸기 때문에 사제단으로서도 무척 조심스러울 수밖에 없었다. 그렇지만 박정희 정권과 사정없이 싸웠던 사제단 아닌가. 1987년 이때에도 역시 사제단이 이런 엄청난 진실을 발표하는 부담을 져야 한다고 판단했고, 그렇게 해서 5월 18일에 폭로하게 된 것이다.

궁지에 몰린 전두환,
안기부장 경질하고 대규모 문책 개각

—— 사제단의 폭로가 진실임이 입증된 이상 전두환 정권도 더는 모른 척할 수 없게 됐다. 전두환 정권은 어떤 조치를 취했나.

5월 29일 박처원 치안감 등 치안본부 간부 3명이 구속됐다. 박처원은 대공 경찰의 대부로 알려진 사람인데, 사찰계에 근무한 1950년대 이래 대공 경찰을 상징하는 인물이었다. 대공 경찰은 정권 안보를 위해 고문 등 온갖 인권 유린을 자행하며 수많은 공안 사건을 만들어낸 곳이었다. 전두환 정권에 들어와서 대공 경찰은 서울에서 학림 사건과 전민노련(전국민주노동자연맹) 사건, 부산에서 부림 사건, 대전에서 한울회 사건과 아람회 사건, 공주에서 금강회 사건, 전주에서 오송회 사건 등을 조작했다. 박처원 구속과 남영동 대공분실에 대한

1987년 5월 29일 자 동아일보. 박원택, 유정방, 박처원(사진 왼쪽부터)이 구속됐다는 소식을 보도하고 있다.

단죄는 그러한 대공 경찰에 회복하기 어려운 타격을 줬다.

　여론이 빗발쳤기 때문에 전두환은 문책 개각을 하지 않을 수 없었다. 5월 26일에 발표된 문책 개각은 규모가 대단히 컸다. 노신영 국무총리가 물러나고 이한기가 국무총리 서리가 됐다. 그리고 안기부장 장세동이 물러나고 국세청장 안무혁이 신임 안기부장으로 임명됐다. 내무부 장관으로 고건이 임명됐고 법무부 장관, 부총리, 재무부

사건 당시 치안본부장이던 강민창은 1988년 1월 구속됐다. 한편 한울회 사건과 아람회 사건의 판결을 담당했던 판사들 가운데 이회창과 이인제는 훗날 정치인으로 나섰다. '5공 정치범 명예 회복 협의회'는 1997년에 펴낸《역사의 심판은 끝나지 않았다》에 한울회 사건과 이회창에 대해 이렇게 기록했다. "다시 유죄를 확정한 2차 대법원 판결에 참석한 판사들 가운데는 '대쪽'이라 불리는 이회창 씨가 들어 있었다. 그는 소수 의견을 내지 않았다." 이인제는 한울회 사건과 아람회 사건 피해자들에게 유죄를 선고한 대전지법 1심 판결 당시 배석 판사였다.

장관, 법제처장, 검찰총장, 치안본부장, 서울시경국장이 모두 바뀌었다. 경제 관료도 이동이 있었지만, 특히 권력의 핵심이라고 할 만한 자리가 싹 바뀐 것이다.

전두환, 장세동과 호흡이 맞았던 노신영 국무총리에서 이한기 국무총리 서리로 바뀐 것은 언론에서도 의외라고 썼다. 이한기는 전두환 정권이 출범하면서 감사원장이 된 사람이고, 또 민정당 후원회장이었다. 그런데 사람들은 이한기가 왜 감사원장이 됐는지도 몰랐다. 민정당에서도 이한기가 민정당 후원회장이라는 사실을 모르는 사람이 적지 않았다. 이한기는 서울대 법대 교수를 지낸 학자 출신인데, 학계에서 평이 괜찮았다.

물귀신 작전 편 정호용,
결국 물러난 '전두환 분신' 장세동

—— 다른 사람은 그렇다 치더라도 전두환은 왜 자신의 분신으로 통하던 장세동까지 경질한 것인가.

이 개각에서 가장 놀랄 일은 장세동이 물러났다는 점이었다. 한 신문에서 "이번 인사의 의외는 아무래도 그동안 국정의 실질적 운영에 핵심 역할을 해온 장세동 안기부장의 퇴진"이라고 쓴 것에서도 그 점은 잘 드러난다.

장세동은 전두환 정권 전반기 3년 7개월은 청와대 경호실장으로, 후반기 2년 3개월은 안기부장으로 전두환을 받들어왔다. 그 이전에도 1967년부터 전두환을 다섯 번이나 가장 가까운 자리에서 보좌

했다. 바늘 가는 데 실 가듯이 전두환을 계속 따라다닌 그야말로 심복 중의 심복이었다. 장세동은 전두환 정권 시절 전두환을 왕으로 떠받들었고, 전두환이 물러난 후에는 전두환을 위해 감옥에 대신 들어가는 것도 마다하지 않았다. 특히 안기부장 시절, 그것도 1986년 5·3 인천 사태 이후 그해 가을에 전두환과 함께 극단적인 초강경 초토화 작전을 펴 개헌 세력을 혹독하게 탄압한 장본인이었다.

그런 장세동이 물러난 것은 뜻밖이라고 언론에서 썼는데, 장세동을 물러나게 한 데에는 정호용의 물귀신 작전이 영향을 미쳤다. 1월에 박종철 고문 사망 사건에 대해 인책 개각을 할 때 노태우, 이춘구가 밀어붙여 전두환이 마지못해서 정호용을 내무부 장관에 임명했다고 전에 얘기하지 않았나. 정호용은 5월 23일 안가에서 열린 회의에서 안기부장을 포함한 내각 총사퇴를 주장했다. 그러자 장세동은 대폭 개각은 대통령에게 부담을 준다는 특유의 불충 논리를 펴면서 반대했다.

그다음 날 정호용과 이춘구는 김성기 법무부 장관을 만나서, 법무부 장관이 청와대에 들어가 검찰 수사를 보고할 때 '안기부장이 책임져야 한다'고 대통령에게 얘기해달라고, 그러니까 책임 소재를 확실히 해달라고 요청했다.• 사실 전두환은 개각 전날인 25일 아침까지도 장세동을 경질할 생각이 없었다. 그러나 권력 교체기에 노태우 측의 강력한 요구를 무시할 수는 없었다.

1987년에 들어와서 장세동이 큰 실수를 연이어 저지른 점도 영향을 주었을 것이다. 장세동은 신민당 내분 조장 및 신당(통일민주

• 이때 정호용은 '박종철을 죽게 만든 치안본부 대공팀은 경찰 소속이긴 하지만 실제로는 안기부가 관장하는 곳이다. 예산, 업무 지시 모두 안기부에서 나온다. 따라서 안기부장은 그대로 두고 경찰에만 책임을 물으면 설득력이 떨어진다'는 논리를 폈다.

당) 창당 방해 공작에 실패했다. 더군다나 엄청난 정치적 오산이었던 4·13 호헌 조치를 강력히 주장해 전두환으로 하여금 밀어붙이게 했는데, 그건 입이 열 개라도 할 말이 없는 처사였다.

6월 10일에 열리는 민정당 전당 대회, 즉 대통령 후보를 정하는 공식 행사인 이 대회가 2주밖에 안 남은 상황에서 전두환은 노태우 쪽의 주장을 외면할 수가 없었다. 그래서 어쩔 수 없이 자기 분신을 잘라내지 않으면 안 됐는데, 그것은 6월항쟁 전개에 적지 않은 영향을 끼쳤다.

— 정호용은 왜 장세동을 물고 늘어진 것인가. 장세동을 그냥 두면 노태우가 권력을 이어받는 데 방해가 될 것이라고 봤기 때문인가.

그렇게까지 명확하게 나온 건 내가 읽어보지 못했는데, 그렇게 해석할 수밖에 없다. 어떤 자료에는 장세동이 자신도 노태우를 후계자로 추천했다고 밝힌 것으로 나와 있지만, 그와 달리 노태우는 후계자로 부적당하다는 태도를 장세동이 취했다고 나와 있는 자료도 있다. 그런 면에서 장세동이 어느 쪽이었는지 딱 잘라 말하기 어려운 점이 있으나, 한 가지 확실한 건 장세동은 노태우 쪽이 아니었다는 것이다. 장세동은 전두환을 위해 모든 충성을 바칠 사람이라는 것, 그렇기 때문에 노태우 쪽의 행보에 방해 요인이 될 수 있다는 것, 그건 분명했다. 또 장세동의 무작정 밀어붙이는 초강경 방식으로는 정국을 풀어갈 수 없다는 생각도 작용했을 것이다.

장세동 경질 포함한 대폭 개각,
6월항쟁 전개에 꽤 큰 영향 미쳤다

—— 장세동 경질이 6월항쟁에 어떤 영향을 줬다고 보나. 장세동이
안기부장으로 그대로 있었다면 전두환 정권이 군 동원을 비롯
해 훨씬 강경한 정책을 썼을 것이라고 볼 수 있을까?

장세동이 안기부장 자리에 그대로 눌러앉았더라면 6월항쟁에
대응하는 방식이 달랐을 것이다. 1986년 하반기 비슷하게, 전두환과
이심전심으로 일체가 되어, 또 관계 기관 대책 회의 같은 것도 이용
해 일사불란하게 강경 일변도로 밀고 나가려고 했을 것이다.

또 하나 생각할 것은 권력을 쥔 사람들, 그러니까 안기부장은 말
할 것도 없고 내무부 장관, 법무부 장관, 검찰총장, 치안본부장 등 요
직을 맡은 사람들이 그 자리를 맡고 불과 얼마 안 지나서 6·10 국민
대회를 맞이하게 됐다는 점이다. 그렇기 때문에 이 사람들이 새로 임
명된 안기부장 지휘 아래 손발을 착착 맞춰서 일사불란하게 대응한
다는 게 쉽지 않았다. 더구나 노태우 측은 선거에서, 설사 체육관 대
통령 선거라고 하더라도 노태우가 국민들에게 합리적이고 온건한 인
상을 주기를 바랐다. 한마디로 노태우는 전두환과 다른 인상을 줘야
했다. 이러한 점들은 6월항쟁에 상당한 영향이 있었다고 난 본다.

가장 중요한 것은 이 개각에 온건파가 포함돼 있었다는 점이다.
6월항쟁 과정에서 드러나듯이 이한기나 신임 안기부장 안무혁, 고건
등은 강경 정책을 내놓지 않았고 온건한 방식으로 풀어가려 했다. 6
월항쟁에서 특징적인 사항 하나는 전두환 쪽에서 제일 중요한 위치
에 있는 안기부장이 움직이는 것이 보이지 않는다는 점이다.

비상 조치만 해도 그렇다. 계엄 선포는 국무위원 연서가 있어야 하는데, 나는 이한기 총리 서리는 전두환이 계엄을 선포하겠다고 나섰을 경우 그것에 반대했을 가능성이 있다고 생각한다. 그 점은 고건도 비슷했을 것이다. 나중에 다시 살펴보겠지만 노태우 후보 쪽은 계엄 선포를 두려워했다. 군이 나서면 새로운 사태가 일어날 수 있었기 때문이다. 따라서 안무혁을 포함해 노태우계 국무위원들도 계엄 선포에 소극적이었을 것이다.

6월항쟁을 살필 때 진보 세력은 대개 자신들이 참여한 시위 투쟁에 관심이 있을 뿐 권력 내부 상황, 특히 청와대와 민정당이 어떤 관계를 맺고 있었고 그게 6월항쟁에 어떤 영향을 끼쳤는가 하는 데에는 그다지 관심이 없다. 전에 6월항쟁에 대한 책을 냈을 때 내 책을 읽은 여러 사람이 '이 책을 보기 전에는 그런 부분을 잘 몰랐다', 그 얘기를 많이 하더라. 실제로 별로 관심이 없다.

역사는 양쪽을 함께 면밀히 검토해야 한다고 생각한다. 역사를 살펴보면 권력 내부에서 발생한 의견 차이 같은 것들이 상황 변화에 영향을 준 일이 적지 않게 있다. 대표적인 사례가 유신 말기 김재규 거사 아닌가. 1987년에도 그 점은 마찬가지였다. 이춘구를 대표로 하는 온건파 세력하고 과거에 장세동으로 대표되던 강경파, 즉 전두환 그쪽하고는 그전부터 상당한 의견 차이가 있었다. 특히 개헌 문제에 대해 그랬다. 그러면서 1월에 개각할 때 이춘구가 노태우를 앞세워 정호용을 내무부 장관으로 해야 한다고 한 것이다. 노태우 쪽에 힘을 실어준 5·26 개각에서도 그 점은 드러났다. 안무혁은 이춘구와 육사 14기 동기다. 그런 안무혁을 이 시기에 안기부장에 앉힌 데에는 이춘구 쪽 의향이 어떤 형태로든 작용했다고 볼 수 있다.

박종철 이어 이한열마저…
6월 뒤덮은 함성 "한열이를 살려내라"

6월항쟁의 전개, 다섯 번째 마당

6월항쟁의 구심점, 국본 탄생

김 덕 련 6월항쟁에서 중요한 역할을 한 조직이 국본, 즉 민주 헌법 쟁취 국민운동본부다. 국본은 어떤 과정을 거쳐 탄생했나.

서 중 석 이제 국본 발족 쪽으로 가자. 1987년 5월 18일 정의구현전국사제단에서 박종철 고문 사망 사건 범인 은폐·조작을 폭로하면서 정국이 격동하고, 26일에는 대대적인 개각이 이뤄지면서 안기부장이 장세동에서 안무혁으로 바뀌었다. 그다음 날인 27일, 6월항쟁에서 구심점 역할을 한 국본이 탄생했다.

당시 전두환의 4·13 호헌 조치 이후 호헌 철폐 투쟁이 치열하게 전개되면서 새로운 투쟁 기구를 조직하는 것이 절실한 상황이었다. 호헌 철폐, 민주 쟁취를 위한 공동 투쟁 기구는 부산에서 먼저 조직됐다. 5월 20일 '호헌 반대 민주 헌법 쟁취 범국민운동 부산본부'가 결성됐다. 노무현이 상임집행위원장을, 문재인 등이 상임집행위원을 맡았다.

같은 날 밤 서울에서 각 부문을 대표하는 15명 내외의 실무 대표들이 모였다. 이들은 새 단체의 명칭을 '호헌 철폐 및 민주 헌법 쟁취 국민운동본부'로 정하고 27일에 발기인 대회, 28일에 결성 대회를 열기로 합의했다. 발기인 대회 장소로 몇 군데를 물색한 끝에 향린교회에서 대회를 여는 것으로 결정했다. 그곳으로 정한 건 명동성당, 성공회 대성당, 기독교회관 등에는 모두 경찰이 배치돼 있었는데 놀랍게도 향린교회에는 경찰이 없었기 때문이다.

그렇게 해서 5월 27일 향린교회에서 발기인 대회를 열었다. 발기인은 민통련(민주통일민중운동연합), 민가협(민주화실천가족운동협의회),

1987년 5월 27일 자 동아일보에 게재된 민주 헌법 쟁취 국민운동본부 발기 대회 사진.

농민, 여성, 문화 예술, 언론 출판, 노동, 교육, 문인, 청년, 도시 빈민 등 각 부문 대표와 각 지역 대표 그리고 천주교, 개신교, 불교 등 종교계 대표 및 정치인으로 구성됐다.

　이날 발기인 대회에 이어 결성 대회까지 바로 열었다. 본래 28일로 예정돼 있던 결성 대회를 앞당긴 건 정권의 방해 때문에 그때 못 열 수도 있다고 판단했기 때문이다. 그래서 27일에 향린교회에서 결성 대회까지 연 것이다. 이렇게 해서 27일에 국본이 탄생했다. 함석헌, 문익환, 윤공희, 김대중, 김영삼 등이 고문으로, 박형규 등 11명이 상임 공동 대표로 선출됐다. 아울러 '호헌 철폐 및 민주 헌법 쟁취 국민운동본부'라고 하면 이름이 너무 길다는 의견이 결성 대회에서 나와, 단체 명칭을 '민주 헌법 쟁취 국민운동본부'로 새롭게 확정했다.

　국본이 출현함에 따라 그 이전에 조직된 충북, 부산, 전북, 전남, 대구·경북의 조직도 명칭을 조정했다. 그리고 5월 27일 이후 국본 충남본부, 국본 경남본부, 국본 강원본부가 결성됐다. 그렇게 해서 경기도, 제주도, 인천, 서울을 제외하고 전국 직할시, 도에 모두 지역본부가 결성됐다. 각 지역본부가 만들어지는 데에는 민통련 산하 지운협(지역운동협의회)이 중요한 역할을 했다.

국본, 6월 10일에 국민 대회 열기로
6월 5일에 '행동 요강' 발표

── 6·10 국민 대회 준비, 어떻게 이뤄졌나.

국본 조직 움직임이 한창이던 5월 23일, 재야인사 등이 모인 '박종철 군 고문 살인 은폐·조작 규탄 범국민대회 준비위원회'에서 민정당 대통령 후보 지명 대회 날인 6월 10일에 전 국민 규탄 대회를 열겠다고 선언했다. 5월 27일에 결성된 국본은 이 대회 명칭을 '고문 살인 은폐 규탄 및 호헌 철폐 국민 대회'로 바꿔 예정대로 6월 10일에 치르기로 했다. 시간은 오후 6시로 결정됐다. 민추협은 민정당 전당 대회 시간인 오전 10시에 해야 한다고 주장했으나 다수 시민이 참여하기 쉬운 시간에 하기로 했다.

6월 5일 국본은 '6·10 국민 대회 행동 요강'을 발표했다. 행동 요강에는 '당일 10시 이후 각 부문별, 종파별로 국민 대회를 개최한 후 오후 6시를 기하여 성공회 대성당에 집결, 국민운동본부가 주관하는 국민 대회를 개최한다', '오후 6시 국기 하강식을 기해 전 국민은 있는 자리에서 애국가를 제창한다', '애국가가 끝난 후 자동차는 경적을 울리고 전국의 사찰, 성당, 교회에서는 타종을 하고 국민들은 형편에 따라 만세 삼창을 하든지 그 자리에서 1분간 묵념을 함으로써 민주

마미머 서울특별시 종로구 연지동136-46 기독교회관 312호   ROOM 312 CHRISTIAN BUILDING, 136-46, YUN-CHI DONG,
전화 : 744-2844   CHONG-RO KU SEOUL, 110, KOREA TEL. 744-2844

(보도 자료)

6.10 국민대회 행동요강

1. 당일 10시 이후 각부분별 종파별로 고문살인 조작 규탄 및 호헌철폐 국민대
    회를 개최한 후 오후 6시를 기하여 성공회 대성당에 집결 국민운동본부가 주
    관하는 국민대회를 개최한다.

2. (1) 오후 6시 국기하강식을 기하여 전국민은 있는자리에서 애국가를 제창
        하고,
    (2) 애국가가 끝난 후 자동차는 경적을 울리고,
    (3) 전국 사찰, 성당, 교회는 타종을 하고,
    (4) 국민들은 형편에 따라 만세삼창(민주헌법쟁취 만세, 민주주의 만세,
        대한민국 만세)을 하던지 제자리에서 1분간 묵념을 하므로 민주쟁취
        의 결의를 다진다.

3. 경찰이 폭력으로 대회 진행을 막는경우 (1) 전국민은 비폭력으로 이에 저항
    하며, (2) 연행을 거부하고, (3) 연행된 경우에도, 일체의 묵비권을 행사
    한다.

4. 전국민은 오후 9시에서 9시 10분간 10분간 소등을 하고 KBS, MBC뉴스
    시청을 거부하므로 국민적 합의를 깬 민정당의 6.10전당대회에 항의하고
    민주쟁취의 의지를 표시한다.

5. 대회가 만의 하나 경찰의 폭력에 의해 무산되는 경우 부분별 단체별로 교
    회, 성당, 사찰 기타 편리한 장소에서 익일 아침 6시까지 단식농성한다.

6. 하오 6시부터 성공회 대성당에서 진행될 국민대회 식순은 추후 발표한다.

311808

국본이 발표한 '6·10 국민 대회 행동 요강'.

1987년 6월 8일 자 동아일보. 정부가 검문검색을 강화하는 등 규탄 집회 저지에 총력을 기울이고 있다고 보도하고 있다.

쟁취의 결의를 다진다', '경찰이 폭력으로 대회 진행을 막으면 전 국민은 비폭력으로 저항하며 연행을 거부하고 연행된 경우에는 묵비권을 행사한다', '전 국민은 오후 9시부터 10분간 소등하고 KBS, MBC 뉴스 시청을 거부함으로써 국민적 합의를 깬 민정당의 6·10 전당 대회에 항의하고 민주 쟁취 의지를 표시할 수 있는 기도, 묵상, 독경 등의 행동을 한다' 등이 들어 있었다.

국민운동본부가 중심이 돼 6·10 국민 대회를 구체적으로 추진하자 전두환 정권은 이번에도 힘으로 누르려 했다. 경찰은 6월 7일부터 검문검색을 강화했고 8일 밤에는 민추협(민주화추진협의회)과 110개 대학을 수색했다. 전국 경찰은 6·10 갑호 비상에 들어갔다. 그뿐 아니라 경적을 울리지 못하도록 경찰은 버스 회사와 택시 회사에 차량 경음기를 떼어내고 기사 교대 시간도 바꾸라고 지시했다. 거리에서 사람들이 애국가를 제창하는 것을 막기 위해, 오후 6시에 내보내던 애국가 옥외 방송도 금지했다. 그런 가운데 6월 9일 국본은 전북 정읍, 충남 청양과 논산, 경남 거창 등지에서 새로 참여해 6월 10일에 전국 22개 지역에서 국민 대회를 치른다고 발표했다.

예년에 비해 조용한 대학가, 시민들은 역동적으로 바뀌고 있었다

—— 이 무렵 대학가 분위기는 어떠했나.

1986년 하반기 건대 사태로 상징되는 전두환 정권의 계속된 탄압으로 학생 운동은 큰 타격을 입은 상태였다. 그러면서 1987년에 들어와서 학생 시위가 적어졌다. 1987년 3월 새 학기가 시작된 이후에도 그런 점은 비슷했다. 새 학기에 들어와 학생 시위가 너무 적다 보니까 신문에서 화제 반, 의아심 반으로 학생들의 동태를 취재한 기사를 내보내기도 했다. 한 신문사 사회부장은 '대학가의 새 바람'이라는 박스 기사에서 대학가에 과격 시위가 없고 총학생회가 활성화되고 있으며 대중성 확보에 최우선을 두고 있다고 썼다. 한마디로 '시위가 별로 없다', '대학이 달라졌다', 이런 얘기였다.

4월이 오자, 건대 사태 등으로 대규모 징계를 한 것을 철회하라는 요구가 나오면서 여러 대학이 학내 문제로 진통을 겪었다. 서울대, 건국대, 서울시립대 같은 서울 지역 대학은 물론 경북대, 경상대, 울산대, 동의대 등 지방대에서도 그런 요구가 있었다. 이러한 학내

분규는 특히 부산대에서 장기간 크게 발생했다. 그러나 4·19혁명 기념일에도 전두환 정권이 걱정할 만큼 규모가 큰 시위는 일어나지 않았다. 4월 19일 4·19 묘소에서 있었던 시위는 다른 해와 비슷했다.

—— 전두환 정권으로서는 자신들과 맞서는 학생 세력을 충분히 짓밟아놓았으니 적어도 당분간은 강하게 저항하기 어려울 것이라는 착각에 빠질 수도 있었을 것 같다.

시대는 역동적으로 바뀌고 있었다. 그렇지만 전두환 정권은 그걸 이해하지 못했다. 무슨 말이냐 하면, 1985년 2·12총선에서도 많은 시민이 민주화를 갈망했는데 1986년경부터 시민 의식이 눈에 띄게 드러나고 있었다. 그러면서 이 시기에 비록 다수는 아니지만 행동하는 시민들이 역사의 전면에 부상하고 있었다. 6월항쟁의 또 하나의 주역이 생성되고 있었던 것이다. 전두환은 "학교가 조용하면 우리나라는 다 조용해요"라고 3월 19일에 얘기했지만, 실제로는 그렇지가 않았다. 과거와 달리 대학가가 조용해도 민주화 운동은 쉼 없이 전개되고 있었다. 학생 운동이 민주화 운동의 중심 역할을 할 수 있는 건 정당다운 정당, 시민다운 시민이 없었을 때 그랬다. 이제 시대가 달라지고 있었다.

그런 속에서 1987년 4·19 이후 학생회 지도부는 내부 조직을 정비하고 강화하는 데 힘썼다. 6월항쟁에서 중요한 역할을 하는 게 서울 지역 대학생 대표자 협의회(서대협)인데, 5월 8일 18개 대학 학생 대표를 비롯한 학생 2,000여 명이 연세대에 모여 서대협 결성식을 열었다. 의장은 고려대 총학생회장 이인영이었다.

이 무렵 각 대학에서 5월 투쟁이 전개되는데, 5월 투쟁은 5월 14

일부터 커졌다. 가장 큰 시위는 광주항쟁 7주년이 되는 1987년 5월 18일, 박종철 고문 사망 사건 은폐·조작 폭로가 이뤄진 바로 그날 일어났다. 이날 전국에서 62개 대학, 2만여 명이 시위에 참가했다. 광주에서는 그 전날인 5월 17일 4차례에 걸쳐 가두시위가 있었고, 18일에는 추모 시위를 하러 거리에 나간 학생들이 경찰과 충돌했다. 그런데 이 시기에 많은 대학에서 광주 학살을 성토하는 행사와 교내 시위가 벌어지기는 했지만, 광주항쟁을 계승해 호헌 철폐라는 과제와 결합하는 투쟁이 아직까지는 광범위하게 전개되지 않았다.

학생들, 탑골공원 일대에서 사슬 투쟁
서울 지역 대학 투쟁위원회로 '서학협' 조직

―― 박종철 고문 사망 사건 은폐·조작 폭로 후 대학가 상황은 어떠했나.

서대협 쪽의 학생 운동 세력은, 이건 NL계를 가리키는데, 5월 23일에 와서야 박종철 고문 사망 사건 이후 처음으로 총력을 기울여 가두 투쟁에 나섰다. 그전에는 가두 투쟁에 소극적인 모습을 보였다. 그러다가 5월 23일 민통련이 탑골공원에서 광주민중항쟁 7주년 범국민 민주 영령 추모 대회를 열려 하자 서대협은 여기에 적극적으로 참여했다.

이날 학생 1,000여 명이 시위 현장에 뛰어들어 연좌로 저항했다. 전부 잡혀갈 각오를 하고 나온 이 학생들은 구호도 "호헌 철폐", "민주 쟁취"로 통일했다. 돌, 화염병 같은 무기도 일절 지니지 않기로

하고 비폭력 투쟁을 전개했다. 학생들은 비가 내리는 속에서 옆 학생들과 팔깍지를 끼고 쇠사슬처럼 단결해 맞섰다. 전경들은 그런 학생들을 한 명씩 떼어내서 연행하기 위해 방패로 학생들의 팔다리를 내리찍었다. 그러자 도로 주변에 있던 시민들이 학생들을 응원하면서 전경들에게 "우우우" 야유를 보내는 동시에 거칠게 항의했다. 이날 약 1만 5,000명의 경찰이 동원돼 종로 3가 일대를 원천 봉쇄했고, 1,284명을 연행해 6명을 구속했다.

대학가 시위는 박종철 고문 사망 은폐·조작 폭로가 있은 후 1주일이 되는 5월 25일경부터 커졌다. 25일 전국 24개 대학에서 박종철 사건 조작을 규탄하고 호헌 철폐를 요구하는 시위가 벌어졌다. 26일에는 전국 23개 대학에서 교내 시위를 벌였다. 27일 서울대에서는 5,000여 명이 모여 박종철 사건 은폐·조작 규탄 대회를 열었는데, 이 가운데 1,000여 명은 가두시위에 나섰다. 이들은 신림 사거리 차도에 뛰어나가, 연행될 때까지 구호를 외쳤다. 이날 전국에서 집회와 시위를 연 대학은 27개로 늘어났다.

29일에는 전국 29개 대학 학생들이 시위를 벌였다. 이날 서울대를 비롯한 서울 시내 대학생들은 '호헌 철폐와 민주 개헌 쟁취를 위한 서울 지역 학생 협의회', 이게 서학협인데, 이 단체를 조직하고 고문 추방, 호헌 철폐 등의 구호를 외치며 시위를 했다. 국본 발족 이틀 후에 서울 지역 대학의 특별위원회 또는 투쟁위원회의 연합체로서 서학협이 뜬 것이다. 서학협은 산하에 6·9/10 총궐기 위원회를 두고 6·10 국민 대회를 준비했다. 이들은 6월항쟁 내내 현장 지도를 맡아 각종 전술을 짜냈고, 거리에서 목이 터져라 구호를 외치며 시위 투쟁을 선두에서 이끌어갔다.

6·10 국민 대회에 학생을 결집하고 민주화 운동 세력과 제휴하

기 위한 대학 간 연대 틀로 부산에서는 6월 1일 부산 지역 총학생회 협의회(부총협)가 결성됐다. 그렇게 해서 부산 지역에서도 대학 간 연대 투쟁이 전개되는 것을 볼 수 있다.

위축됐던 학생들은 어떻게
거리의 투사로 부활했나

── 건대 사태 등으로 큰 타격을 입었던 학생 운동이 6월항쟁을 앞두고 다시 일어설 수 있었던 요인은 무엇인가.

조용하던 대학가에서 어떻게 학생들이 다시 투쟁력을 갖춰 6월항쟁의 주력군으로 등장할 수 있었느냐. 전두환 정권의 포악한 공세로 대학가에서는 1986년 한 해 동안 연행, 수배, 구속, 고문이 끊이지 않았다. 이 때문에 학생들이 움츠러드는 건 어쩔 수 없었다.

그런데 박종철이 고문으로 사망한 후 언론이 진실을 보도하기 시작했고 여성계, 종교계 등에서 거센 항의가 잇따랐다. 2·7 추도 대회, 3·3 평화 대행진에 대해 시민들은 적극적으로 반응했는데, 그건 과거에 볼 수 없는 모습이었다. 또 야당도 적극적으로 호응했다. 4·13 호헌 조치에 대한 반응도 놀라웠다. 각계각층에서 호헌 반대 성명을 계속 발표하고 단식 투쟁 등이 연이어 일어난 것도 과거에 찾아보기 어려운 일이었다.

그러다가 정의구현전국사제단의 5·18 폭로로 박종철 고문 사망 사건이 엄청난 규모로 확대되지 않았나. 그 과정을 지켜본 학생들, 그러면서 국본이 결성되고 6·10 국민 대회가 마련되는 것을 지켜본 학생들이 강렬한 민주화 투쟁 의식과 참여 의지를 갖게 되는 건 당연한 일이었다.

박종철에 이어 이한열마저…
6월 뒤덮은 함성 "한열이를 살려내라"

—— 그 과정에서 이한열까지 쓰러지는 일이 발생하지 않았나.

6·10 국민 대회를 하루 앞둔 6월 9일 이한열이 최루탄에 맞아 빈사 상태에 빠졌다. 그것도 학생들의 가슴을 무겁게 누르며 가열한 투쟁에 나서게 하는 한 축으로 작용했다.

6·10 국민 대회를 앞두고 대학가는 바쁘게 돌아갔다. 우선 6월 1일부터 '호헌 철폐와 독재 종식을 위한 단식 농성'이 각 대학에서 진행됐다. 6·10 국민 대회의 열기를 고조시키고 학생들이 대거 참여하게 하기 위해 서대협 결의로 서대협 소속 13개 대학 총학생회장과 학생회 간부 20여 명이 참여하면서 시작된 것이다. 단식 농성은 계속 확산돼서 6월 4일에는 17개 대학에서 120명이 동참했다.

6월 3일 전국 24개 대학, 5,000여 명이 호헌 철폐를 요구하며 교내 시위를 벌였다. 6월 5일에는 각 대학 총학생회장 15명을 포함해 20여 개 대학 학생 700여 명이 고려대에 모여 6·10 국민 대회 참가 대책을 논의했다. 5월에 이어 6월에도 대학생들의 삭발식이 퍼졌다. 대회 전날인 9일 서울, 부산 등 대학가 곳곳에서 6·10 국민 대회 참가 결의 대회가 열렸다.

이날 연세대에서 총궐기 대회가 열렸다. 학생들이 스크럼을 짜

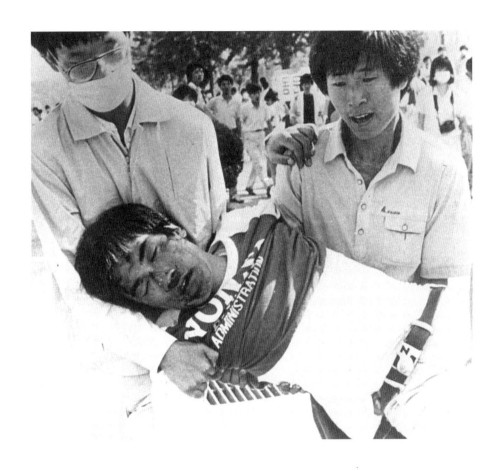

6·10 국민 대회를 하루 앞둔 6월 9일 이한열이 최루탄에 맞아 빈사 상태에 빠졌다. 이한열의 병세는 6월항쟁 기간 내내 투쟁의 불꽃을 계속 지피는 원천으로 작용했다. 학생들과 시민들은 이한열이 사경을 헤매는 것을 안타까워하며 거리에 나섰다. 시위 대열에서는 "한열이를 살려내라"는 구호가 계속 터져 나왔다.

민중 화가 최병수가 그린 대형 걸개그림은 학생들에게
슬픔과 분노를 일으키며 투지를 북돋웠다. 이한열 판화는
그해 6월과 그 이후 시위 투쟁의 상징이 됐다.

고 교문 쪽으로 향할 때 전경 기습 체포조인 백골단이 교문 주변에 접근하자 주로 2학년으로 구성된 전면 배치조가 전경들과 공방전을 벌였다. 상경대 2학년 이한열이 다른 학생 50여 명과 함께 백골단에 맞서며 공방전을 벌이는 순간 "쐐액"하는 소리와 함께 SY-44 총류탄 10여 발이 뿌연 하늘을 가르며 직격으로 날아왔고 이 중 하나가 이한열의 머리를 강타했다. 사진과 걸개그림에 나오는 것처럼 축 늘어진 이한열을 세브란스병원 응급실로 옮겼지만 이한열은 중태에 빠졌다.

이한열의 병세는 6월항쟁 기간 내내 투쟁의 불꽃을 계속 지피는 원천으로 작용했다. 학생들과 시민들은 이한열이 사경을 헤매는 것을 안타까워하며 거리에 나섰다. 시위 대열에서는 "한열이를 살려내라"는 구호가 계속 터져 나왔다.

이한열이 입원한 세브란스병원에 찾아온 민중 화가 최병수는 이한열이 최루탄에 맞아 쓰러지는 장면을 학생들과 함께 판화로 제작했다. "한열이를 살려내라"라고 새긴 유명한 판화다. 그리고 가로 7.5미터, 세로 10미터에 이르는 최병수의 대형 걸개그림은 학생들에게 슬픔과 분노를 일으키며 투지를 북돋웠다. 이한열 판화는 그해 6월과 그 이후 시위 투쟁의 상징이 됐다. 이 판화는 체 게바라의 사진과 그림처럼 학생들과 민중의 가슴속에 오래오래 살아 있었다.

이한열이 다시 일어설 수 있기를 수많은 사람이 간절히 기원했다. 안타깝게도 그해 7월 5일 이한열은 끝내 세상을 떠났다. 시민들은 7월 9일에 열린 이한열 열사 장례식에 구름처럼 모여들었다.

노태우 대선 후보 되던 6월 10일
전국 뒤덮은 "독재 타도" 함성

6월항쟁의 전개, 여섯 번째 마당

체육관 대통령 후보 노태우
확정하고 자축한 민정당

김덕련 6·10 국민 대회를 거치며 항쟁의 불길이 본격적으로 치솟게 된다. 그날 상황은 어떠했나.

서중석 1987년 6월 10일, 6·10만세운동이 일어난 지 만 61년이 되는 이날 두 개의 열차가 마주 보고 달려오고 있었다. 양쪽 모두 상대방을 무시한 채 제 갈 길을 달리고 있었다.

6월 10일 오전 10시부터 잠실체육관에서는 주한 외교 사절, 전직 국회의장·대법원장·국무총리, 그리고 당원과 대의원 등 1만여 명이 참석한 가운데 민정당 전당 대회가 열렸다. 대회장은 시종일관 축제 분위기였다. 먼저 민정당 중앙집행위원회에서 대통령 후보로 제청한 노태우 대표위원에 대한 투표에 들어갔다. 그것에 이어 가수 조영남, 정수라, 이선희, 조용필 등이 나온 여흥 시간이 마련됐다.*

대통령 찬가 합창이 울려 퍼지는 가운데 전두환이 대회장에 들어섰다. 곧이어 개표 결과가 발표됐다. 노태우는 후보 수락 연설에서 "양대 국가 대사가 성공한 뒤 국민적 여망인 합의 개헌을 반드시 성취해낼 것임을 다짐한다"고 밝혔다. 양대 국가 대사란 1988년 대통령 교체와 올림픽을 가리킨다.

---

* 투표는 '1 노태우'라고만 적힌 투표용지에 찬반을 표시하는 방식으로 진행됐다. 임성훈이 사회를 본 여흥 시간에 가수들은 노태우의 애창곡인 〈베사메 무쵸〉 등을 부르며 흥을 돋웠다. 이에 앞서 개그맨 김병조는 "민정당은 민족에게 정을 주는 정당이고 통(일)민(주)당은 민족에게 고통을 주는 정당"이라는 듣기 민망한 개그를 선보였다.

民正, 盧泰愚 대통령 후보 선출

全黨大會 표결 自由民主수호등 3개항 결의

民主발전위해 누구

兩大事이후 內閣制

1987년 6월 10일 자 동아일보. 민정당은 이날 전당 대회를 열고 노태우를 체육관 대통령 후보로 확정했다.

민정당 전당 대회와 마주 보고 달린
또 하나의 열차, 6·10 국민 대회

— 민정당 전당 대회는 쿠데타로 권력을 훔친 후 만든 전두환·신군부 헌법에 따라 노태우를 체육관 대통령으로 세우겠다고 선언하는 자리였다. 그러한 민정당 전당 대회와 마주 보고 달린 또하나의 열차가 6·10 국민 대회 아닌가.

6·10 국민 대회를 막기 위해 전두환 정권은 전국적으로 경찰을 5만 8,000여 명이나 동원했다. 서울에는 160개 중대, 2만 2,000여 명

이 배치됐다. 전국 22개 도시에서 동시다발 시위가 일어날 터여서 지방에 많은 병력을 배치하지 않을 수 없었다. 재야인사 등 700여 명을 가택 연금했다고 보도됐다. 또한 6·10 국민 대회 장소인 성공회 대성당으로 통하는 골목골목에 철제 바리케이드를 치고 전면 통제했다.

그런 속에서 박형규, 계훈제, 양순직 등 국본(민주 헌법 쟁취 국민 운동본부) 간부 20여 명은 가택 연금이나 출입 봉쇄를 피해 며칠 전부터 성공회 대성당에 들어와 대회를 준비했다. 드디어 6월 10일 오전 10시경 각 종교계 대표 및 재야인사 등 6명이 대성당 종각에 올라가 "4·13 호헌 조치에 의한 대통령 후보 선출은 무효"라고 선언했다. 민정당 전당 대회 시간에 맞춰 선언한 것이다. 기독교회관 국본 사무실에서는 '국민 합의 배신한 4·13 호헌 조치는 무효임을 전 국민의 이름으로 선언한다'는 제하의 국민 대회 선언문을 낭독했다.

이날 서울에서는 26개 대학에서 출정식을 열었다. 서울 이외 지역까지 합치면 전국 80여 개 대학에서 학생들이 출정식을 열고 거리로 쏟아져 나왔다. 경찰은 이날 3시경부터 국민 대회가 열리는 곳에 있는 버스 정류장과 지하철역 봉쇄에 들어갔다.

여기서 시간 표기에 관해 미리 말해둘 게 있다. 앞으로 6·10 시위를 포함해 6월항쟁에서 일어난 수많은 시위에 대해 얘기하게 될 것이다. 이 시기에 시위가 엄청나게 많지 않았나. 그런데 이 시위들은 거의 다 오후에 그리고 자정에서 그다음 날 상오 2~3시 사이에 일어났다. 이걸 일일이 '오후 몇 시부터 오후 몇 시까지', 이렇게 표기하면 독자들이 읽기 불편할 수 있다. 그래서 특별한 경우를 제외하면 오후라는 말을 붙이지 않을 생각이다. 특정한 시간 앞에 내가 별도로 오전이라든가 상오 같은 말을 붙이지 않으면 전부 '오후 몇 시', 이렇게 이해하면 된다. 시위가 자정에서 그다음 날 새벽에 일어난 경우에는 앞에 상오라는 말을 붙이겠다.

한 가지 더 생각할 건 88올림픽에 대비해 이 시기에 실시한 서머타임summer time 제도다. 그 당시 오후 6시는 지금의 오후 5시에 해당한다. 6월은 1년 중 낮이 제일 긴 달 아닌가. 그래서 6시는 말할 것도 없고 이 시기에는 8시, 9시가 돼도 환했다. 게다가 날씨도 따뜻했다. 오후에 시위를 전개하기에 더없이 좋은 시기였고 날씨도 그러했다.

거리 뒤덮은 "호헌 철폐", "독재 타도"…
동참하거나 "으쌰! 으쌰!" 응원한 시민들

── 2016~2017년 수많은 국민들은 박근혜·최순실 게이트로 추운 겨울에 촛불을 들고 거리에 나서야 했다. 그것과 비교하면 적어도 날씨 하나는 6월항쟁 때가 좋았다는 생각이 든다. 다시 돌아오면, 가두시위는 어떻게 전개됐나.

6월 10일 학생 시위는 서울에서 5시경부터 규모가 커지고 거세졌다. 5시 35분경 김영삼 통일민주당 총재와 국회의원들, 민추협(민주화추진협의회) 회원 등 50여 명이 노란색 완장을 차고 차량 3대를 앞세워 450여 명의 군중과 함께 행진을 했다. 학생들은 시청, 명동, 퇴계로, 남대문시장 일대에서 시위를 벌였다. 남대문시장 상인들은 경찰에 쫓기는 학생들을 상점으로 피신시킨 뒤 셔터를 내리기도 하고, 아예 가게 문을 닫고 시위에 참여하기도 했다. 6월항쟁 시기에는 남대문시장 일대의 건물 사이사이 미로에서 쫓고 쫓기며 벌이는 숨바꼭질 시위가 계속 전개됐다. 신문에서도 남대문시장 일대의 숨바꼭질 시위를 많이 다루게 되는데, 그러한 숨바꼭질 시위가 이날부터 나타난 것이다.

6월항쟁에서 많이 나타나는 '사고성 투쟁'도 이날 나타났다. 5시 6분경 경희대, 외국어대 학생들이 성북역, 지금은 성북역이라는 이름이 사라졌지만, 그곳과 인천 사이를 운행하는 전동차를 신이문역에서 막아 세우고 올라탔다. 학생들은 서울역 옆에 있는 남영역에서 하차하면서 "호헌 철폐", "독재 타도" 등의 구호를 외쳤다. 경찰은 거리에 나가려는 학생들을 가로막았다. 경찰이 최루탄을 쏘자 학생들은 철로에서 자갈을 던지며 응수했다. 그렇게 30분간 격렬한 시위가 전개되면서 열차 운행이 중단되는 사고라고 할까 사태가 일어났다. 서울역 일대에서 시위를 벌이던 시위대는 5시 58분경 특급 열차를 세웠고, 그 후 서부역 쪽에서 시위를 했다.

6시 성공회 대성당에서 6·10 국민 대회가 거행됐다. 대성당 확성기에서 애국가가 울려 퍼졌고 대성당 종루에서는 42번에 걸쳐 종이 울렸다. 왜 42번이냐. 1945년 해방 이후 42년간 분단 독재의 사슬에서 신음하지 않았나. 그 사슬을 끊고 민주주의의 새 시대를 열자는 마음을 42번 종소리에 담은 것이었다. 똑같은 의미를 담아 각 성당과 교회에서도 42번 종을 울렸다.

대성당에서 종소리가 울리자 근처에 있던 버스와 승용차에서 일제히 경적이 울렸다. 태평로 일대에서는 30분 넘게 경적 소리가 계속 들렸다. 버스에 타고 있던 시민들은 박수로 화답하거나 손을 흔들었다. 길가에 있던 시민들은 태극기를 들고 환호하며 박수를 보냈다. 일부 시민은 차량에 경적을 울리라는 신호를 보내며 "으쌰! 으쌰!" 하고 외쳤다.

김영삼 총재 일행은 6·10 국민 대회 장소인 성공회 대성당에 들어가려 했지만 가로막혔다. 그래서 안에 들어가지는 못하고 정문에서 몸싸움을 벌이다가 태평로 삼성 본관 건물 앞으로 후퇴했다. 그때 대통령 후보 지명 축하 연회장인 힐튼호텔로 가던 노태우의 차가 지나갔다.

민정당 대통령 후보 축하 연회 덮친
최루탄 연기, 고민으로 잠 못 든 노태우

—— 김영삼과 노태우가 마주쳤나.

두 사람이 서로 봤는지는 알 수가 없다. 그러나 적어도 노태우는 저게 야당 일행이라는 걸 알았을 가능성이 있다.

이날 최대의 격전은 서머 타임제 때문에 대낮처럼 환했던 7시 20~30분경에서 어둠이 깔린 9시 20~30분경까지 롯데쇼핑센터부터 신세계백화점, 그 뒤에 있는 퇴계 고가 도로, 회현 고가 도로 일대에서 전개됐다. 거리의 투사로 부활한 학생들의 투지는 하늘을 찌를 듯했다. 경찰은 최루탄을 말 그대로 쏟아부었지만 별 효과가 없었다. 그렇게 최루탄을 많이 쐈는데도 학생들은 끄떡도 하지 않고 경찰에 대항했다.

신세계 로터리에서는 전경 저지망이 붕괴되기도 했다. 전경 40여 명이 시위 군중에게 둘러싸여 구타당했으나 비폭력을 외치는 시위대에 의해 풀려났다. 길이 막힌 버스들이 서 있자 학생들이 버스 유리창에 갖가지 구호를 써 붙였다. 한 학생이 버스 위에 올라가 시위를 이끌자 다들 환성을 올렸다. 남산 3호 터널과 신세계 로터리에서 롯데쇼핑센터 앞에 이르는 대로는 인산인해였다. 사방에서 최루탄이 터지는 속에서도 2만 명이 넘는 시위대가 계속해서 "호헌 철폐", "독재 타도"를 목이 터져라 외치는 모습은 그야말로 영화의 한 장면 같았다.

어둠이 깔리면서 학생, 시민들은 남대문시장 쪽에 이르기까지 퇴계로 2가 일대를 완전히 점거했다. 고가 도로 위나 남산 쪽으로 쏘아대는 하얀 최루 가스가 네온사인과 어울려 예광탄처럼 보이기도 했다. 이 부근에서 제헌 의회계 학생 800여 명은 일반 학생, 시민 시위대와 떨어져 시위를 벌이며 "제헌 의회 소집" 구호를 계속 외쳤다. 6월 10일 이날 최대의 효과를 거둔 시위는 힐튼호텔 부근에서 일어났다.

— 그곳에서는 어떤 일이 일어났나.

힐튼호텔에서 열린 민정당 대통령 후보 지명 축하 연회에 참석한 인물들은 최루탄 연기를 마시면서 곤욕을 치른 것에 그치지 않고, 마음이 무척 무거웠을 것이다. 중앙청, 남대문을 지나 힐튼호텔에 들어설 때까지 계속 시위대를 목도한 노태우 내외가 힐튼호텔에 들어섰을 때 호텔 안에서까지 가스 냄새가 나고 있었다.

노태우는 나중에 이렇게 썼다. "집에 돌아와서부터 나는 깊은 고민에 빠지지 않을 수 없었다. 그날 밤 거의 한숨도 자지 못했던 것으로 기억한다." 노태우가 6·29선언을 결심하게 된 결정적인 계기가 힐튼호텔로 가는 승용차 안에서 있었다고 말한 것은 과장임이 분명하다. '이러다가 대통령 못 되는 것 아냐? 직선제로 밀리는 것 아냐?', 여기까지 생각했는지는 확인되지 않는다.

한국 현대사에 한 획을 그은 6·10 국민 대회

6·10 국민 대회는 민주화
운동사뿐만 아니라
근현대사에도 한 획을 그었다.
1919년 3·1운동 이후 같은 날,
여러 장소에서 이렇게 많은
시위가 벌어진 적이 없었다.
"호헌 철폐", "독재 타도"라는
구호가 전국적으로 통일돼
있는 것도 크게 주목할 만한
현상이었다. 대부분의 도시에서
시민들은 적극적으로 시위
모습을 지켜보거나 시위대에
가담했고, 시위대에 음료수와
먹을거리를 건네기도 했다.
사진 출처: 국가기록원

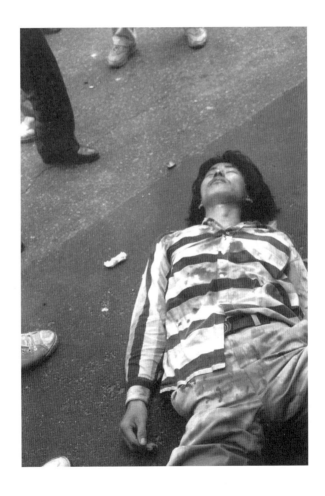

6월항쟁의 전개

여섯 번째 마당   **113**

6월항쟁의 전개

부마항쟁 생각나게 한 부산·마산 시위…
이집트 축구 선수들, 최루 가스에 곤욕

— 대회에 앞서 국본은 6월 10일에 전국 22개 지역에서 국민 대회를 치른다고 발표했다. 서울 이외 지역 상황은 어떠했나.

서울 이외 지역에서도 격렬한 시위가 일어났다. 부산에서는 5시 30분경부터 광복동 앞에서 시위가 커졌다. 부산역에 집결한 시위대는 KBS로 진격해 투석전을 벌였는데, 경찰 1개 중대가 도피했다. 시위대는 흩어졌다가 8시 30분경 보수동 로터리에 다시 모였다. 이들은 경찰과 격렬한 투석전을 벌여 전경 1개 소대를 무장 해제하고 전경 차량 1대를 탈취했다. 얼마 후에는 기동대 버스 1대를 불태웠다.

10시경 경찰의 최루탄 발사와 투석전으로 자갈치시장 일대가 가스로 뒤덮였다. 자갈치시장 아주머니들은 최루탄을 난사한 경찰에 집단 항의했다. 학생들은 1979년 부마항쟁에서 그랬던 것처럼 태극기를 들고 이곳저곳에서 〈흔들리지 않게〉라는 노래를 부르며 시위 대오를 이뤘다가 경찰이 공격하면 흩어지는 동시다발 기동성 시위를 11시 넘어서까지 계속 전개했다.

마산에서는 6시에 3·15의거탑 앞에서 시위를 시작하려 했다. 그러나 이곳이 경찰에 봉쇄돼 그 부근에서 6·10 국민 대회를 시작했다. 시위대는 경찰 저지선을 돌파해 경찰 버스 1대를 완전히 태운 다음 공설 운동장 쪽으로 진출했다.

이날 마산 공설 운동장에서는 보기 드문 진풍경이 나타났다. 이 운동장에서는 대통령배 축구 시합이 열리고 있었다. 한국 A팀과 이집트 팀의 경기였는데, 최루 가스가 경기장 안까지 들어간 것이다.

최루 가스 때문에 이집트 선수들은 떼굴떼굴 굴렀다. 결국 이집트 팀에서 경기 중단을 요구했고, 경기는 더 이상 진행되지 못했다.

경기장에 있던 관중 가운데 일부도 시위대에 합세했다. 그렇게 해서 크게 불어난, 한 자료에는 3만여 명이라고까지 나오는데, 시위대는 수출 자유 지역으로 이동하면서 "최저임금 보장", "근로기준법과 파업권 쟁취" 등의 구호를 외쳤다.

마산 곳곳에서 시위가 벌어지면서 북마산파출소와 오동동파출소가 불탔다. KBS 보도용 차량 1대도 "보도도 제대로 안 하면서 무슨 취재냐"라는 항의를 받다가 화염병 투척으로 전소됐다. 경찰이 최루탄을 쏘자 시민, 학생들은 시청 유리창에 돌을 던졌고 MBC 건물에는 화염병을 던졌다.

마산 시위에는 마산, 창원 지역뿐만 아니라 진주, 고성, 함안, 진해, 함양, 거제 등 인접한 시군의 주민들, 농민들과 경상대 학생들도 다수 참여했다. 가톨릭농민회 경남연합회 회원들도 농촌에서 다수 올라왔다. 그러다 보니까 진주는 시위 규모가 좀 작았다. 울산에서는 노동자들이 많아서 다른 곳보다 1시간 늦게, 그러니까 7시부터 시위를 벌였다.

전국에서 터져 나온 민주주의 함성,
수십 년간 시위 없던 곳에서도 동참

—— 먼 데서 온 이집트 축구 선수들이 한국 축구가 아니라 한국 독재 권력의 매운맛을 톡톡히 본 셈이다. 다른 지역에서는 어떠했나.

광주에서는 5시 30분경부터 시위가 커졌다. 광주 출신 연세대 학생 이한열의 중태 소식이 알려지자 시민들은 "이한열을 살려내라"는 구호를 연이어 외쳤다. 6시에 가톨릭센터와 중앙교회에서 녹음된 타종을 방송하고 옥외 방송으로 애국가가 울려 퍼졌다. 시민들은 애국가를 따라 불렀고, 시위대는 곧 5,000여 명으로 불어났다. 이들은 "호헌 철폐", "독재 타도" 등의 구호를 외쳤다. 시위대는 "광주 학살 배후 조종 미국 놈은 물러가라" 등의 구호도 외치며 시위를 벌이다가 경찰이 공격하면 흩어지기를 반복했다. 8시경 중·고등학생과 노동자들이 합세해 중앙대교를 사이에 두고 시위대는 수만 명으로 늘어났다. 큰 시위는 자정이 지나 12시 40분경까지 이어졌고, 다음 날 새벽 5시 30분경에야 끝났다.

　　목포에서는 5시 20분경부터 시위가 일어났는데, 다방 아가씨들이 얼음과 삶은 달걀을 시위대에 갖다 주는 일도 있었다. 여순사건 (1948년) 이후 40년 가까이 시위를 찾아보기 어려웠던 순천에서도 시위가 일어났다.

　　대구에서는 5시 30분경부터 시위가 벌어졌다. 8시 20분쯤 시위가 커져 서문시장 앞에서 5,000여 명의 시위대가 20분간 대중 집회를 열었다. 9시를 조금 앞둔 시각에는 1만 명에 가까운 시위대가 MBC 앞에서 경찰 닭장차 1대를 부수고 경찰과 대치했다.

　　경주, 안동, 포항에서도 시위가 있었다. 경주도 그간 시위를 찾아보기 어려운 지역이었는데, 이때 학생들이 시위를 해서 시민들의 관심을 모았다. 안동에서는 가톨릭농민회 회원들이 시위에 많이 참여했다.

　　전주에서는 5시부터 여러 곳에서 발대식을 열었다. 6시에는 백제로 사거리에서 자동차 경적의 호응을 받으며 도민 대회가 열렸다.

최루탄을 발사한 경찰과 투석전을 벌이는 와중에 경찰 오토바이 2대와 경찰 봉고차 1대, 태평동파출소가 불탔다. 이리, 지금의 익산에서는 원광대생이 중심이 돼서 시위를 벌였다. 9시경에는 5,000여 명의 시민, 학생이 수출 자유 공단에 들어가 "노동 3권을 보장하라"고 외쳤다. 1948년 정부 수립 이래 시위를 찾아보기 어려웠던 군산에서도 시위가 벌어졌다.

대전, 천안, 청주, 춘천, 원주에서도 시위가 있었다. 5시 30분경에 시작된 대전 시위는 점차 격화돼 8시를 전후해서는 약 1만 명이 중앙로로 진출하기도 했다. 천안의 경우 농민들이 상당수 참여한 것이 눈에 띄었다. 인천에서는 노동자 참여가 두드러졌다. 6시가 되자택시 기사들이 경적 시위를 했는데, 7시부터 공단 일대의 노동자들이 퇴근하면서 시위 인원이 급증했다. 9시경에는 1만 명에 가까운 시위대가 제3차 대중 정치 집회를 열고 전두환 화형식을 거행했다. 1960년 4월혁명 이후 시위가 없었던 수원에서도 시위가 일어났다. 성남에서는 한 자료에 3만여 명이라고 나와 있는데 많은 시민, 학생이 운집해 행사를 열었다.

6·10 국민 대회, 전국 동시다발 시위로
근현대사에 한 획을 긋다

── 몇 십 년간 시위가 없었던 여러 지역에서도 시위가 일어났다는 점이 눈에 들어온다. 6·10 국민 대회를 종합적으로 어떻게 평가할 수 있을까.

6·10 국민 대회는 민주화 운동사뿐만 아니라 근현대사에도 한 획을 그었다. 1919년 3·1운동 이후 같은 날, 여러 장소에서 이렇게 많은 시위가 벌어진 적이 없었다. 정치인과 재야인사, 학생들이 혼연일체가 돼 시위 투쟁을 벌인 것도 아주 드물었다. "호헌 철폐", "독재 타도"라는 구호가 전국적으로 통일돼 있는 것도 크게 주목할 만한 현상이었다. 대부분의 도시에서 시민들은 적극적으로 시위 모습을 지켜보거나 시위대에 가담했고, 시위대에 음료수와 먹을거리를 건네기도 했다.

이날 경찰은 20개 도시, 106개 장소에서 1만 8,550명이 시위에 가담했고 시위 운집 인원은 3만 9,500명이라는 이상한 통계를 발표했다. 그와 달리 국본 상임집행위원이던 황인성은 전국 22개 지역에서 24만 명이 시위에 참여했다고 밝혔고, 한국기독교사회문제연구원에서 낸《6월 민주화 대투쟁》에는 22개 지역에서 40만 명이 참여한 것으로 나와 있다. 대중 집회나 시국 토론회가 열린 것도 과거 시위와 크게 다른 점인데 서울, 마산, 대구, 광주, 성남, 인천, 군산 등 여러 도시에서 6월항쟁 시기에 '민주주의의 꽃'으로 불린 대중 집회가 열렸다. 마산, 안동, 전주, 천안 등 농민 운동이 활발했던 곳에서는 농민들이 다수 참여했다.

경찰은 규모가 큰 전국 동시다발 시위를 이날 처음으로 경험했다. 이 때문에 다른 곳도 아닌 서울에서, 정권 안보에서 절대적으로 중요한 위치에 있는 수도 서울에서 격렬한 공방전이 벌어졌고 경찰이 인력이 모자라 진땀을 뺐는데도 서울에 지원 병력을 보낼 수 없었다. 이날 서울에는 경찰이 2만 2,000여 명이나 배치됐는데 서울 및 부산, 성남 등 여러 지역에서 경찰이 무장 해제를 당했다. 경찰력만으로는 6·10 국민 대회에 대응하기 어렵다는 점이 확연히 드러난 것이다.

국본은 평화 투쟁을 호소했지만, 서울, 부산, 대구, 마산, 전주 등 여러 지역에서 파출소 등을 부쉈고 화염병으로 경찰과 맞서 투쟁 열기를 북돋웠다. 치안본부는 11시 30분 현재 14개 파출소가 부서지거나 불탔고 경찰 소방서 차량 8대가 공격받아 3대가 전소했다고 발표했다. 전주시청 등 공공건물 유리창이 깨졌고 KBS, 민정당 당사 등이 타격을 받았다. 서울에서는 학생들이 전동차를 '점거'하고 특별 열차를 정차시켰다.

6·10 국민 대회에서 시위대는 민주주의와 자유를 쟁취하기 위해 한 걸음도 물러서지 않겠다는 결연한 자세를 보여줬다. 서울 퇴계로 2가 신세계백화점 일대에서 벌어진 격렬한 투쟁은 그러한 결의를 확고히 보여줬다.

거리로 나왔던 많은 학생들과 시민들은 장하고 뿌듯한 마음으로 학교로 돌아가거나 귀가했다. 이렇게 큰 시위가 전개되리라고는 전혀 예상하지 못했다. 그들은 예상치도 않게 역사의 한 획을 긋는 시위에 주인공으로 참여한 것에 드높은 자부심을 느꼈다.

── 전국 동시다발 투쟁은 이전에는 찾아보기 어려운 현상이었다. 1987년에 이것이 가능했던 이유는 무엇인가.

전두환·신군부가 쿠데타로 권력을 탈취한 후 민심이 점점 이반됐고, 그것이 1985년 2·12총선에서 선명 야당 바람으로 나타나지 않았나. 그것은 또한 1986년 상반기에 주요 도시에서 강렬한 개헌 열기로 모습을 드러냈다. 그런 속에서 전두환 정권은 개헌 열기를 무산시키기 위해 극심한 강경책을 썼지만 개헌과 직선제에 대한 강한 욕

구를 꺾지는 못했다. 그것이 1987년에 6월항쟁이라는 형태로 나타난 것이라고 볼 수 있다.

그와 동시에 재야 민주화 운동 세력이 지방 조직을 이전 시기보다 탄탄하게 갖춘 것도 작용했다. 대개 서울 중심이던 과거와 달리 1980년대에는 민주화 운동 기반이 확산되면서 지방에서도 조직을 잘 갖추게 됐다. 민통련(민주통일민중운동연합)에서도 지운협(지역운동협의회) 같은 것이 민통련의 중요한 활동으로 자리 잡은 데서도 그 점은 잘 드러난다. 또한 1980년대에 들어와서 대학생 숫자가 크게 늘어나고 지방대와 지방 분교가 많이 생긴 것도 그와 같은 동시다발 투쟁을 가능하게 한 요인 중 하나였다.

계획에 없던 명동성당 농성 투쟁, 6월항쟁의 큰길을 열다

6월항쟁의 전개, 일곱 번째 마당

김 덕 련 이번에는 6·10 국민 대회에 이어 전개된 명동성당 농성 투쟁을 짚어봤으면 한다.

서 중 석 1987년 6·10 국민 대회에 참가한 사람들은 모처럼 시위다운 시위를 했다고 느끼며 모두들 뿌듯한 심정이었다. 이날 시위 투쟁을 통해 이들은 군부 독재 타도, 민주화 쟁취에 어느 정도 자신감을 가질 수 있었다. 학생뿐만 아니라 시민들이 수십 년 만에, 그중 상당수는 어쩌면 태어나서 처음으로 엄청난 규모의 시위에 동참하거나 그걸 지켜봤다. 최루탄을 퍼부은 경찰과 맞서 한 치도 물러서지 않고 화염병을 던지며 싸우는 격전의 현장을 경험하면서 이들은 '이것이 역사구나. 이곳이 역사의 현장이구나. 역사는 이렇게 이뤄지는 것이구나' 하는 느낌을 받았다.

그렇지만 어느 누구도 역사의 현장이 6월 10일 그날 밤 이후 명동성당 농성 투쟁으로 이어질 줄은 몰랐다. 국본 간부 황인성이 말한 대로, 6월 10일의 불꽃이 바로 전국에서 2주일 이상 타오르는 독재 타도의 투쟁으로 변화될 것임을 국본은 예상치 못했다. 민주당, 민추협도 이날 투쟁에 크게 고무됐지만 다음 행동은 추후 결정될 것이라고 밝혔다. 그 점은 학생들도 마찬가지였다. 6월 10일 밤까지 국본도, 학생 운동권도, 민주당도 시위 투쟁은 이날로 일단락을 짓는 것으로 알았지, 그것이 계속 이어져 확대될 줄은 몰랐다.

그러나 6·10 국민 대회는 단 하루의 투쟁에 그치지 않고 6월항쟁으로 상승, 확대됐다. 그럴 수 있었던 것은, 6·10 국민 대회가 전혀 예상치 않았던 명동성당 농성 투쟁으로 이어졌고 그러면서 자연 발생적으로 학생들의 지원 투쟁과 넥타이 부대의 시위가 나타났으며 그러고 나서 역시 국본과는 무관하게 지방에서 대규모 시위가 벌어졌기 때문이다. 6월항쟁이라는 역사는 그렇게 이뤄졌다.

경찰에 밀려 명동성당에 들어온
시위대, 토론으로 농성 계속 결정

── 명동성당 농성 투쟁, 어떻게 시작됐나. 처음부터 농성을 계획했
던 것은 아니지 않나.

6월 10일 4시를 지나면서 경찰의 무차별 최루탄 발사로 학생,
시민이 명동성당 안으로 밀려들기 시작했다. 이들을 맞이한 건 상계
동 재개발 지역 주민들이었다. 명동성당에서는 강제 철거에 반대하
는 상계동 주민 73세대, 200여 명이 1986년 연말부터 천막 농성을 벌
이고 있었다.

밤이 된 9시 55분경 시위대가 횃불을 들고 시위하면서 명동성당
농성 투쟁이 시작됐다. 이 무렵 경찰은 명동 일대 교통을 차단했다.
그래서 경찰과 접전을 벌이다 밀린 시위대가 명동성당 안으로 계속
들어왔다. 시위대는 화염병을 던지고 투석전을 벌이면서 경찰과 팽
팽히 대치했다.

이때 전경들이 현명하게 대처했더라면, 그러니까 시위대가 집으
로 가는 것을 허용했더라면 명동성당 농성 투쟁은 일어나지 않았을
지도 모른다. 그렇지만 예전부터 해온 수법대로 수천 명의 전경이 명
동성당 주변을 빼곡하게 에워싸고 그 안에 있는 시위대를 전부 연행
하려 했다. 그러면서 새로운 역사가 열리게 되었다.

── 명동성당에서 농성을 이어간다는 결정은 어떤 단위에서 내린 것인가.

경찰이 그렇게 나오면서 시위 참가자들은 이제 집으로 못 가게 되지 않았나. 시위대는 성당 옆에 있는 문화관 문을 뜯고 들어가 철 야 농성을 준비했다. 대학생 500여 명, 노동자 30여 명, 상계동 주민 80여 명, 일반 시민 150여 명이었다. 6월 11일 상오 4시부터 시위대 는 농성을 해제할 것인가, 계속해서 농성 투쟁을 할 것인가를 놓고 격론을 벌였다.

일부 학생들은 '철야 농성을 11일 (오전) 10시경에 끝내자. 국본 (민주 헌법 쟁취 국민운동본부)과 서대협(서울 지역 대학생 대표자 협의회)에서 도 해산이 타당하고 이 싸움에 대중 동원이 어렵다는 판단을 전해왔 다'면서 해산하자고 주장했다. 그것에 대해 시민 측 그리고 집행부에 속하지 않은 일반 학생들은 반론을 제기했다. 이들은 '계획되지 않은 것이라 하더라도 이 농성이 6·10 국민 대회 이후 새로운 투쟁의 구심 점이 되어야 한다. 시민과 학생이 함께한 이 농성은 귀중한 기회다. 이 계기를 활용해야 한다. 해산하면 어렵게 끌어올린 투쟁 열기를 어 떻게 다시 끌어올릴 수 있을지 누구도 예측할 수 없다'고 역설했다.

이렇게 양쪽이 토론을 벌이고 있는데, 국본 대변인 인명진이 "6·10 국민 투쟁은 6월 10일 24시를 기해 종료됐고 명동 농성 투쟁은 국본과 무관하다"고 발표했다는 기사가 실린 신문이 전달됐다. 그 때 문에 분위기가 험악해지면서 한때 국본을 성토하는 장이 되기도 했 다. 해산과 농성 지속을 각각 주장하던 양측은 최소한 12일 정오까지 농성을 계속한다는, 그러니까 농성을 하루 더 이어가자는 절충안에 도달했다.

1987년 6월 10일 명동성당 시위

명동성당에 모인 수많은
시민들과 명동성당 바깥의
시위대들. 이 투쟁으로 다시
전국이 들썩이게 되었다. 명동
투쟁은 6월항쟁의 중심적
투쟁의 하나이며, 6월항쟁은
명동 투쟁을 통해 구체성을
지니게 됐다.
사진 출처: 국가기록원

128

일곱 번째 마당   **129**

다시 끓어오른 투쟁 열기…
명동성당 바깥에서는 농성 지원 시위

—— 경찰은 어떤 조치를 취했나.

11일 오전 10시가 조금 지난 시각, 시위대는 '해방춤'을 추면서 미국 대통령 레이건, 전두환, 노태우의 허수아비 화형식을 거행했다. 그러자 경찰은 최루탄을 난사하면서, 시위대가 친 바리케이드를 무너뜨리고 성당 안으로 밀고 들어오려 했다. 시위대는 돌과 화염병으로 맞섰다. 시위대의 완강한 저항에 부딪힌 경찰은 물러났다. 오후 1시경 시위대는 바리케이드를 복구했다. 최루 가스 때문에 명동 일대 행인들은 눈을 뜰 수 없었고 상가의 절반은 철시했다. 성당 측은 화염병과 최루탄이 우박처럼 퍼붓는 '전투'에 당황했고, 시위대에 '불편'함을 말하기도 했다.

경찰은 '농성하고 있는 사람들을 전부 연행하겠다'는 방침을 명동성당에 통고했다. 그러고 나서 오후 2시경 다시 최루탄을 퍼부으며 맹공격을 해왔다. 성당 전체가 최루 가스에 뒤덮여 숨을 쉴 수 없었다. 부상자가 속출했다. 성당에 왔다가 엉겁결에 갇히게 된 신자들과 시민들은 최루 가스로 범벅이 됐다. 도처에서 비명 소리가 나면서 아비규환의 생지옥 같았다. 경악을 금치 못한 명동성당 김병도 주임 신부는 '명동성당에서 이렇게 최루탄을 쏘는 것은 예수께 총부리를 대는 것이다. 만일 계속 최루탄을 쏜다면 전두환 정권이 가톨릭교회에 도전하는 것으로 간주하겠다'고 강력히 경고했다.

강력한 항의에 놀란 경찰은 성당 입구 밖으로 잠시 철수했다. 그러면서 오랜만에 휴식이 찾아왔다. 이때 무수히 많은 호흡 곤란자,

수포 발생자와 부상자 시위대원들을 치료하는 일이 중요했는데 수녀들을 비롯한 여러 사람이 적극적으로 나섰다. 그렇지만 눈에 최루탄 파편이 박힌 한 학생은 병원에 실려 가던 중 실명했다. 이때 학생 약 400명, 시민 100명이 남아 있었다.

— 명동성당 바깥 분위기는 어떠했나.

명동성당 바깥에서도 다시 시위 열기가 끓어오르고 있었다. 11일 오전부터 서울대, 서울시립대, 경희대, 한양대, 외국어대 학생들, 이 가운데 서울대를 제외하면 모두 서울 동부 지역 학생들이었는데, 이들이 명동 출정식을 열고 명동으로 향했다. 점심시간에는 명동에 넥타이 부대 시위가 등장했다. 〈통일의 노래〉를 부르고 "호헌 철폐", "독재 타도"를 외치며 경찰의 사과탄에도 흩어지지 않고 싸우던 넥타이 부대 시위는 1시간 동안 계속되다가 점심시간이 끝나자 소멸했다.

오후에 충무로, 남대문시장 일대 등에서 명동성당 농성을 지원하는 시위가 전개됐다. 상인들이 학생 시위에 적극 동조해 경찰을 곤경에 빠뜨렸다. 6시경에는 미도파백화점과 백병원 쪽에서 수많은 시민과 학생들이 손을 흔들며 성당 농성 투쟁을 성원하는 시위를 벌였다. 지원 시위대가 명동 상가 부근까지 올라오자 농성 시위대는 바리케이드를 넘어 명동 거리에 진출해 경찰과 밤까지 공방전을 벌였다.

국본과 서대협은 당황했다. 6·10 국민 대회 성과가 명동성당 농성 투쟁으로 어떻게 될 것인지 알 수 없어서였다. 뜻하지 않은 비상사태가 초래될지도 모른다는 불안감도 있었다.

전날과 마찬가지로 이날도 상계동 철거민들은 명동성당에서 솥을 걸어놓고 라면을 끓였고, 시위대의 빨래도 해주고 잠자리도 제공했다. 명동성당 청년 단체 연합회 회원들은 부상자를 간호하고 필요한 물품을 수집해 전해주는 등 뒷바라지를 했다.

이날 지방에서도 시위가 있었다. 대전, 전주, 익산, 순천, 경주, 안산에서 시위가 일어났다. 경주에서는 동국대 경주 캠퍼스 학생들이 밤늦도록 시위를 벌였다.

"언니, 오빠들이 하시는 일은 훌륭한 일"
가슴 뭉클하게 한 여고생들의 도시락 응원

── 그다음 날(12일) 상황은 어떠했나.

12일 상오 4시, 비상 소집돼 달려온 40여 명의 신부들이 서울 교구 사제단 회의를 열었다. 이들은 이 자리에서 "위험을 피해 온 사람들을 쫓아낼 수 없다", "도덕성과 정통성을 잃은 현 정권에 대한 농성 학생들의 민주화 투쟁은 정당하다"며 사제의 양심으로 이들을 끝까지 보호할 것을 결의했다. 농성 투쟁을 공식적으로 지지한 이들은 무차별 최루탄 발사에 항의해 시한부 동조 농성에 들어갔다.

점심 때 농성 시위대에게 잊을 수 없는 '사건'이 발생했다. 민주화 운동사에서 참으로 아름다운 기억으로 상기되는 사건이다. 뭐냐하면, 담장을 사이에 두고 명동성당과 이웃한 계성여고 학생들이 점심 도시락을 걷어 농성장에 보낸 것이다. 그것도 가슴을 뭉클하게 하는 사연과 함께. "언니, 오빠들이 하시는 일이 훌륭한 일이라는 걸 저희는 압니다. 힘내세요. 저희들은 언니, 오빠를 사랑합니다." 여고생들의 마음이 잘 담겨 있는 예쁜 글들이었다.

낮 12시 45분경 농성 시위대가 명동 거리에 나섰다. 허기에 지치고 최루 가스와 땀으로 범벅이 된 데다 햇볕에 검게 그을린 모습이었다. 처절한 전쟁터에서 볼 수 있는 바로 그 모습이었다. 그러한 시위대가 나타나자 거리를 가득 메운 시민들이 박수를 보내고 환호했다. 주변 건물에 있던 시민들은 창문을 활짝 열고 두루마리 휴지를 통째로 뜯어 거리로 날려 보냈다. 명동 일대는 순식간에 온통 하얀 꽃으로 뒤덮이는 것 같았다. 어떤 사람들은 옥상에 올라가 손을 흔들었고 또 다른 사람들은 지붕 위에 올라가 시위를 지켜봤다.

12시 50분경에는 점심시간에 나온 명동 일대 사무원들이 시위를 벌였다. 근처 빌딩 옥상에 있던 사람들도 호응했고 상가 종업원들도 박수로 동조했다. 충무로에 있던 시민들도 함께 구호를 외쳤다. 오후 2시경에는 명동 입구부터 신세계백화점 앞 사이의 도로 주변에 시민 2,000여 명이 모였다. 대부분은 부근에 있던 은행, 증권사, 보험사 사무원들이었는데 이들은 "독재 타도"를 함께 외쳤다. 전날 모습을 드러냈던 넥타이 부대가 본격적으로 움직였다. 또한 오후부터 늦은 밤까지 명동 일대와 시내 중심가에서는 학생들의 농성 투쟁 동조 시위가 전개됐다. 서울 시내 20여 개 대학 학생들이 시내에 나와 동조 시위를 벌였다. 6시경 청계천 1, 2가에서 시위를 벌이자 삼일 고가 도로를 달리던 차량들이 일제히 정차해 시위 현장을 내려다보는 통에 한동안 교통이 마비됐다. 조선호텔 앞 등 시청 일대에서는 학생들 시위에 박수를 보내기도, 환호성을 지르기도 했다. 시내 곳곳에서 경찰의 최루탄 발사와 학생 연행에 시민들이 항의하는 모습은 조금도 진기한 풍경이 아니었다. 시위는 밤 11시 40분경까지 이어졌다. 부산과 마산에서도 시위가 벌어졌다.

조종석 서울시경국장은 이날 명동성당 농성 투쟁을 극렬분자에 의한 체제 전복적 국기 문란 행위로 규정하고 단호히 대처하겠다는 성명을 발표했다. 이웅희 문공부 장관도 비슷한 성명을 발표했다.

안기부장과 내무부 장관이 경찰 투입 반대, "명동성당에 경찰 투입은 안 된다" 건의하기로

── 전두환 정권으로서는 명동성당 농성 투쟁이 지속되는 게 부담 스러울 수밖에 없었다. 정권 차원에서 어떤 대책을 세웠나.

전두환은 명동성당 농성 투쟁을 건국대 사태(1986년) 때처럼 다루고 싶었다. 6월 11일 저녁 식사를 할 때 '명동성당에 학생들이 들어 갔다'는 뉴스를 보고 대뜸 떠오른 것이 건대 사태였다고 한다. 역시 전두환다운 발상이었는데, 문제는 건국대와 명동성당은 '입지 조건' 이 너무나 달랐다는 점이다.

'입지 조건'만 다른 것이 아니고 안기부장 등의 태도가 건국대 사태 때와는 달라도 너무 달랐다. 박종철 고문 사망 은폐 조작 폭로 로 인한 5·26 개각으로 치안 및 공안 책임자들이 싹 바뀐 것이 6월항 쟁 초장부터 항쟁에 대처하는 데 엄청 큰 영향을 미쳤다. 명동성당 농성 사태에 전두환 정권은 손발이 안 맞았고, 온건파가 분위기를 이 끌어갔다. 이 부분에 대해서는 당시 내무부 장관이던 고건의 회고록 을 읽어볼 필요가 있다.

── 고건은 이에 대해 어떤 기록을 남겼나.

고건에 의하면 6월 12일 저녁 7시 청와대 안가에서 고건과 외무부, 법무부 등 관계 부처 장관들, 비서실장, 경호실장, 안기부장과 이춘구, 청와대 관련 수석비서관 등이 참석해 회의를 열었다. 그전 같으면 이런 회의는 장세동 안기부장이 좌지우지했을 텐데, 이날 회의 사회자인 안무혁 안기부장을 제치고, 안무혁이 온건하게 나오니까 그랬겠지만, 전두환 측근인 안현태 경호실장이 회의를 주재하다시피 했다. 안현태는 경찰이 명동성당에 진입해 해산시켜야 한다고 역설했다. 고건은 그 주장이 "전 대통령의 지침인 듯했다"고 썼다. 이 자리에서 고건은 반대한다고 명확하게 발언했다. 그러면서 "투입 계획을 얘기할 게 아니라 투입 여부부터 논의"하자며, 반대 이유를 제시했다. 그러자 '통화를 하자'는 전두환 쪽지가 왔다. 고건의 발언 내용이 벌써 청와대 본관에 올라간 것이었다. 전두환은 상당히 격앙된 목소리로, 빨리 결론을 내고 이의를 달지 말라는 투로 말했다.

이 회의에서 강우혁 청와대 정무 제2수석, 안무혁, 이춘구 민정당 사무총장이 고건 의견에 동의했다. 4시간 넘게 회의를 했지만 결론이 나지 않았다. 5·26 개각 효과는 이렇게 컸다.

회의 후 안무혁, 이춘구, 고건이 머리를 맞댔다. "명동성당에 경찰 투입은 안 된다"고 건의하기로 하고 1차로 안무혁이 대통령을 면담하고, 안 되면 고건이 다시 건의하기로 했다. 그다음 날(13일) 청와대 회의에 참석할 때 전두환 뒤를 따라오던 안무혁이 기립해 있는 고건에게 부드러운 미소를 띠고 신호를 보냈다.

"저들은 사생결단의 태세로 나오는데…"
결국 천주교 측에 중재 요청

── 이때 청와대 회의에서는 어떤 얘기가 오갔나.

13일 아침 9시 10분 전두환은 관계 부처 장관들과 청와대 비서실장, 경호실장 등이 참석한 가운데 명동성당 사태를 논의했다. 이날이나 다음 날 회의에 대해서는 《전두환 육성 증언》이 자세하다. 이 자리에서 고건 내무부 장관은 11일에 이어 12일에 1만 3,000명이 교내 시위를 했고 가두시위가 전날보다 훨씬 확대돼 83개소에서 5만 7,000명이 참여했다고 보고했다. 고건은 "일부 시민이 동조, 가담하거나 고무하는 것이 심각한 현상입니다"라고 단도직입적으로 말했다.

문제는 시민이 시위대에 호응한다는 것만이 아니었다. 전두환 정권 쪽에서 볼 때 그것 못지않게 심각한 문제는 경찰의 피로가 쌓여 있을 뿐만 아니라 주변 군중의 야유로 사기가 매우 저하돼 있다는 점이었다. 전두환이 어떻게 전망하느냐고 묻자 고건은 시위 사태가 계속될 것이라고 비관적으로 답했다.

전두환을 더욱 실망시킨 건 5·26 개각으로 새롭게 중임을 맡은 자들이 시위대와 맞서 싸워 시위를 진압하려는 의지가 대단히 박약하다는 점이었다. 6월 13일 회의에는 이한기 총리 서리와 안무혁 안기부장, 고건 내무부 장관, 정해창 법무부 장관 등 박종철 고문 사망 은폐·조작이 폭로되면서 5월 26일에 새로 임명된 시국 관련 부처 책임자들이 참석했다. 그런데 이들은 전두환의 분신으로 통하던 장세동 전 안기부장 등과는 태도가 너무나 달랐다. 지난번에 말한 것처럼 예전에는 장세동이 앞장서서 '이렇게 저렇게 해야 한다'고 하면서 강경 조치를 밀어붙였는데 이젠 그런 게 안 나온다, 이 말이다. 전두환이 이 회의에서 "저들은 사생결단의 태세로 나오는데 우리는 안 그런 것 같아요"라고 말할 정도였다. 전두환이 오죽 답답했으면 그런 얘기를 했겠나.

—— 입지 조건의 차이만이 아니라 명동성당 농성 투쟁과 건대 사태는 정치 상황 등 여러 면에서 다르지 않았나.

명동성당 농성 투쟁에는 건국대 사태와 전혀 다른 점이 있었다. 안기부장 등이 장세동과는 전혀 다른 태도를 취했을 뿐 아니라 명동성당은 천주교를 대표하는 성당 아닌가. 그렇기 때문에 성당 내부에 경찰을 투입하는 데 어려움이 있었다. 6월 13일 아침에 열린 회의에서 전두환은 결론적으로 이렇게 얘기했다. "정부로서는 명동성당 사태에 인내를 보여주도록 합시다." 아무리 궁리해도 다른 뾰족한 수단이 없어서 속이 부글부글 끓어오르고 가슴이 답답했지만 전두환도 그렇게 말할 수밖에 없었다.

이날 회의에서 이한기 총리 서리는 "경찰이 진입하면 (문제가) 심각하니 성당 측이 자진해서 학생들(의 농성)을 풀게 하는 것이 좋은 방책"이라고 지적하고, 현 사태가 위기라고 말했다. 순리로 풀지 않으면 더 큰 사태가 날 수 있다는 발언이었다.

13일 회의가 끝난 후 전두환 정권은 사제들에게 중재를 요청했다. 강제 진압을 포기한 것이 분명했다. 천주교 쪽에서도 명동성당 농성 사태가 끝나기를 바라고 있었다. 그렇게 해서 함세웅 신부가 천주교 측을 대표해 모처에서 '전권'을 가진 정부 고위 당국자와 만났다.

이날도 각지에서 시위가 계속 일어났다. 부산에서는 전날보다

시위 규모가 커졌다. 학생들은 부산역 앞 8차선을 점거하고 연좌 농성을 벌였다. 그러자 지나가던 사람, 대합실에 있던 사람 등 시민 1만여 명이 학생들에게 박수를 보냈다. 마산에서도 시위가 있었고 대전에서도 충남대, 목원대, 한남대 학생들이 시위를 벌였다.

'비상 조치 발동' 운운한 전두환,
"안 잡을 테니 나가라고 해요"

── 그러한 상황에서 전두환 정권은 1986년 하반기부터 만지작거린 비상 조치 카드를 다시 검토하지 않았나.

14일, 이날은 일요일이었는데, 오전 9시 30분부터 청와대에서 또다시 회의가 열렸다. 회의에는 안기부장, 외무부 장관, 내무부 장관, 법무부 장관, 국방부 장관, 문교부 장관, 문공부 장관과 서울시장 외에도 합참의장, 육해공군 참모총장, 한미 연합사 부사령관, 보안사령관, 수경사령관 등 군 수뇌부가 자리를 같이했다. 권복경 치안본부장은 12일에 5만 7,000명, 13일에 1만 3,000명이 데모에 가담했다고 보고했다.

이 자리에서 전두환은 비상 조치 얘기를 꺼냈다. 경찰이 치안을 회복하지 못하면 비상 조치를 발동해 휴교, 정당 해산, 헌정 일부 중단과 같은 초헌법적 조치를 취할 수밖에 없다는 얘기였다. 군 지휘관들에게는 주요 대학에 투입할 수 있는 군 병력을 출동 준비하라고 지시했다.

이렇게 전두환이 군 수뇌부를 불러 병력 출동 준비를 하라고 지시한 데에는 이유가 있었다. 우선 군 지휘관들에게 사태의 중요성을 각인시키고 민간인 장관들에게, 전두환 눈에 흐리멍덩해 보인 이 사람들에게 비상 시국이라는 각오를 갖도록 하기 위해서였다. 또 한편으로는 국민에게 엄포를 놓는 것이기도 했다. 전두환이 비상 조치를 선포한다면 6월 10일경부터 18일 사이가 아니었을까 싶다. 시간이 지나 선포하는 것은 뒷북을 치는 것 같고 비상 조치의 약발이 잘 먹혀들지 않을 수 있었다. 그러나 전두환은 이 시기에 비상 조치를 발동하는 적절한 타이밍을 맞추지 못했을 뿐만 아니라, 이게 실질적으로 훨씬 더 중요할 수 있는데, 비상 조치 발동에서 중요한 위치에 있는 총리나 안기부장 등이 도무지 자신과 손발이 맞지 않았다. 전두환이 강경 조치를 취하려 했던 첫 번째 중요 회의인 6월 12일 청와대 안가회의에서부터 따로 놀고 있었다. 오죽했으면 그날 회의 중에 자신이 직접 고건에게 통화까지 했겠나. 이런 상황은 그 뒤에도 이어졌다.

14일의 경우 군을 출동시키겠다는 긴박감을 이날 회의에서 찾아보기 어려웠다고 한다. 전두환은 명동성당 농성 사태에 대해, 이날 회의의 결론이기도 한데, 이렇게 지시했다. "명동성당은 오늘 자정을 기해 전부 풀어주시오. 안 잡을 테니 나가라고 해요. 시경국장이 추기경을 만나자고 신청해서 오늘 저녁에 다 내보내라고 해요."

오후 1시 30분경 명동성당 김병도 주임 신부는 성명을 발표해 농성 중인 시민, 학생들에게 해산을 호소했다. 교회의 기능을 언제까지나 마비시킬 수는 없다는 것이었다.

이날도 몇몇 지역에서 시위가 있었다. 부산 시내 각 대학 학생들은 대학별로 집회를 열고 교내 시위 후 거리에 나섰다. 부산에서 벌어진 해태 타이거즈와 롯데 자이언츠의 프로 야구 경기에서 응원 구호가 "파이팅"에서 "독재 타도"로 바뀌는 일도 있었다. 인천, 전주, 광주, 익산에서도 시위가 벌어졌다.

3차 투표 끝에 해산 결정,
시위대를 환호로 맞이한 시민들

— 명동성당 농성 투쟁, 어떻게 마무리됐나.

15일은 6월항쟁에서 한 획을 그은 날이다. 상오 1시 명동성당 농성장에서 해산 문제를 놓고 토론이 시작됐다. 15일 해산이 천주교 측의 확고한 입장 같아 보였고, 국본이 18일에 최루탄 추방 대회를 연다는 소식도 들어와 있었다. 그런 속에서 상오 3시경부터 조별 토론을 하고 오전 6시경 전체 토론에 들어갔는데, 의견은 반반이었다.

투표 결과 해산 찬성 85, 반대 98, 기권 14로 농성을 지속하자는 주장이 우세했지만 과반수에는 못 미쳤다. 토론장 분위기를 듣고 함세웅 신부가 달려왔다. 함 신부는 "여러분은 교회의 한계와 교회의 자리를 존중해줘야 한다. 우리 발목을 잡으면 우리가 더 일을 할 수가 없다"는 요지의 연설을 했다.

1차 투표에서 과반수 의견이 나오지 않았기 때문에 2차 투표를 실시했는데 여기서는 찬성 112, 반대 104로 해산이 우세했다. 그렇지만 2차 투표에 문제가 있다는 지적이 나와서 3차 투표를 실시했다. 3차 투표에는 그동안 투표에 참여하지 않았던 명동성당 청년 단체 연합회가 합류했다. 3차 투표 결과는 찬성 119, 반대 94였다. 3차 투표 후에도 '지금 해산하면 안 된다. 결사 항쟁해야 한다'는 주장이 일부에서 나왔지만, "우리가 내린 결정을 우리 스스로 깨면 누구더러 민

明洞聖堂농성 6일만에 解散

司祭團중재로 안전歸家보장 警察철수

6·10관련拘束 2百20명

1987년 6월 15일 자 동아일보. 6일 만에 명동성당 농성이 끝났다고 보도하고 있다.

주주의 하자고 할 수 있겠느냐"는 의견이 나오면서 해산으로 최종 결론이 났다.

낮 12시 20분경 농성 시위대는 스크럼을 짜고 대형 태극기를 앞세운 채 문화관 앞을 나섰다. 1시를 전후해 명동성당 입구 쪽 로얄호텔부터 코스모스백화점에 이르기까지 2만여 명의 시민이 운집해 학생들과 함께 구호를 외치고 애국가를 불렀다. 4시에 농성 시위대는 해산을 지켜보러 온 시민들의 환호와 박수를 받으며 차에 탔다.

이날 8시에 명동성당에서는 정의구현전국사제단 주최로 '나라의 민주화를 위한 특별 미사'가 거행됐다. 특별 미사 후 신부, 수녀, 신자 등 5,000여 명은 한 손에 촛불을 들고 다른 손으로 V자를 그리며 비가 내리는데도 행진했다. 성당 밖에 있던 학생과 시민 1만여 명이 그 뒤를 따르면서 인원은 1만 5,000여 명으로 불어났다. 아름답고 장엄한 행렬이었다.

명동 투쟁으로 6월항쟁이 있게 됐다

── 명동성당 농성 투쟁이 6월항쟁에서 어떤 역할을 했다고 보나.

명동성당 농성 투쟁에 학생들의 지원 투쟁과 넥타이 부대의 투쟁을 더하면 그 전체를 명동 투쟁이라고 부를 수 있다. 6월 10일 밤부터 15일까지 계속된 명동성당 농성을 6월항쟁에서 징검다리 정도로 이해하는 사람들이 많다. 그러나 명동 투쟁은 단순히 6월항쟁으로 가는 징검다리에 머무는 정도가 아니었다. 명동 투쟁으로 6월항쟁이 있게 됐다고 말할 수 있다. 명동 투쟁으로 다시 전국이 들썩이게 됐다. 명동 투쟁은 6월항쟁의 중심적 투쟁의 하나이며, 6월항쟁은 명동 투쟁을 통해 구체성을 지니게 됐다.

명동성당 시위대는 그야말로 격전을 치러야 했다. 이들의 부상 상태가 그걸 잘 보여준다. 중상 27명, 경상 224명, 수포 환자 130명, 파편 부상 5명, 찰과상 27명, 눈 부상 5명(그중 1명은 실명), 절상折傷 3명, 골절상 8명, 타박상·화상 등 73명으로 자료에 나온다.

명동성당 농성에 마지막까지 동참한 사람은 200여 명이었다. 여기에는 학생이나 일반 시민 외에도 막노동자, 노점상, 술집 웨이터, 구두닦이 등도 참여했다. 엘리트 학생들로서는 평상시에 접촉하기 어려운 사람들이었다. 학생들은 그러한 계층이 1960년 4월혁명, 1979

년 부마항쟁, 1980년 광주항쟁에서 일역을 맡았다는 사실을 잘 모르고 있었다. 그에 더해 식당에서 일하는 17세 정도의 소녀도 3명 있었는데, 돌을 주워 나르는 것이 이들의 주요 임무였다. 명동성당 농성이 얼마나 중요한가 하는 건 이들이 해산한 15일 그날 바로 드러났다.

도시가 상당 부분 마비될 정도로
격렬한 시위가 벌어진 대전

──── 어떤 점에서 그러했나.

명동성당 농성 시위대가 15일까지 버티면서 전국적으로 시위가 다시 격화됐다. 먼저 대전을 보자. 대전은 4월혁명 때, 그러니까 1960년 3월 8일 대전고에서 큰 시위가 일어난 지역이다. 3·15 마산의거 전에는 이게 제일 큰 시위였다. 그런데 4월혁명 이후에는 대전에서 큰 시위를 찾아보기 어려웠다. 4월혁명 때 있었던 시위를 빼놓으면 적잖은 사람들에게 '대전, 충청도는 온순하다'는 느낌을 줄 정도였다. 그러나 6월항쟁 때에는 그렇지 않았다. 대전에서 굉장한 시위가 벌어졌다. 온순하다는 세간의 이미지가 확 달라지게 했다.

1987년 6월 10일부터 13일까지 대전에서는 계속 시위가 일어났다. 그것에 이어 명동 투쟁이 막을 내린 15일에 큰 시위가 벌어졌는데, 이날 도시가 상당 부분 마비되다시피 했다.

4시에 충남대 학생들은 정문과 후문 돌파를 시도했다. 이들은 정문을 돌파하고 유성으로 진출했는데, 이게 경찰의 허를 확 찔러버렸다. 경찰은 학생들이 그쪽으로 갈 것이라는 생각을 하지 않고 있었다. 그래서 다른 쪽을 막고 있다가 허를 찔린 것이다. 다른 말로 하면 경찰 숫자가 제한돼 있기 때문에 생긴 일이기도 하다. 제한된 숫자로 대전 전체를 막을 수는 없었기 때문에 몇몇 지역을 주로 막다가 그렇게 됐다는 말이다.

5시경 학생 2,000여 명이 유성파출소를 포위하고 정치 집회를 열었다. 유성극장과 전신전화국 앞에서도 학생들은 대중 집회를 열었다. 경찰이 나중에 이쪽으로 몰려오게 되는데, 학생들은 경찰과 격렬히 맞서며 유성 시가지를 점령하다시피 했다. 6시 10분경에는 페퍼포그 차량에 화염병을 던져 전소시켰다. 학생 7,000여 명은 서부경찰서 앞에서 투석전을 벌여 경찰을 무력화했다. 학생들은 서대전 사거리로 진출하면서 페퍼포그 차량 1대를 또 완전히 불태웠다. 시민들까지 시위대에 합류하면서 학생들은 더 기세가 올랐다.

이렇게 시위가 격렬해지자 충남대 총장이 중재자로 나섰다. 충남도경국장은 학생들이 대전역까지 평화 시위를 하는 걸 인정하지 않을 수 없었다. 그렇게 해서 행진이 이뤄졌는데 시위대의 긴 행렬이 지나는 곳마다 "호헌 철폐", "독재 타도"의 함성이 진동했다. 도심 한복판인 중앙로를 시위대가 가득 메웠는데, 대전역에 도착했을 때에는 1만 명을 넘어섰다. 대전이라는 도시가 생긴 이래 시위대가 중앙로를 점거한 건 이때가 처음이었다.

전국 각지에서 기세를 올리며
전두환 정권을 압박한 시위대

—— 다른 지역은 어떠했나.

단국대 천안 캠퍼스 학생들도 이 시기에 데모를 참 잘했다. 6월 항쟁에서 지방대 및 서울 지역 대학의 지방 분교가 큰 역할을 했다고 전에 얘기했는데, 그중에서도 단국대 천안 캠퍼스가 아주 잘했다. 15일 이날 단국대 천안 캠퍼스 학생들은 고속도로 톨게이트 쪽으로 향하다가 전경차 1대를 포위해 전경들을 무장 해제했다. 다른 방향으로 향한 3,000여 명의 학생들은 천안경찰서 앞 등 도심 곳곳에서 시위를 벌였다. 그렇지만 경찰은 이걸 저지할 힘이 없었다.

부산에서도 시위가 계속 일어났는데 15일 이날은 더욱더 격렬했다. 부산대 6,000여 명 등 여러 대학 학생들이 거리에 쏟아져 나왔다. 시위대는 시민의 호응 속에 경찰과 공방전을 벌이다가 200~300명이 마치 한 조처럼 흩어졌다 다시 모이는 식으로 싸웠다. 이건 부마항쟁 이후 계속 나타난 투쟁 방식이었다. 이날 경찰은 64발짜리 다연발 최루탄을 발사했다. 11시 10분경 학생들은 부산일보사 사옥에 돌을 던져 유리창을 일부 박살냈는데, 이건 부산일보사가 정수장학회 쪽인 것과 관련 있는 것으로 보인다.

마산에서도 시위가 벌어졌다. 진주에서도 시위가 일어났는데, 15일 진주는 대전과 더불어 최대 격전지였다. 진주는 일제 때 농민 운동, 백정들의 형평 운동 등 사회 운동이 활발하게 전개된 곳인데 6월항쟁에서 아주 큰 역할을 했다. 전두환의 간담을 서늘하게 하는 데 중요한 역할을 한 곳이 부산, 대전, 진주였다. 이날 진주에서 학생들은 협공 작전으로 경찰을 학교에서 철수시킨 다음 거리에 쏟아져 나왔다. 2시경 시위대가 시청 앞에 집결했을 때 고교생, 일반 시민, 노동자, 농민까지 합세해 그 일대가 해방구가 된 듯했다.

광주, 익산, 대구, 경주, 안산에서도 15일에 시위가 일어났다. 6월항쟁 시기에 익산에서는 원광대 학생들이, 경주에서는 동국대 경주 캠퍼스 학생들이, 안산에서는 한양대 안산 캠퍼스 학생들이 맹활약했다. 이런 걸 보더라도 지방대 또는 각지의 분교 학생들이 6월 항쟁에서 얼마나 큰 역할을 했는가를 알 수 있다. 수원에서도 이날 데모가 있었다. 인천에서는 인하대 개교 이래 제일 많이 모였다는 8,000여 명이 결의 대회를 열고 시민회관 앞 주안 사거리까지 진출했다. 이들은 한때 도로를 마비시키며 거리를 휩쓸었다.

경찰은 6월 15일에 서울, 부산 등 전국 59개 대학에서 학생 9만 200여 명이 시위를 전개하고 전국 총 140개소에서 10만 4,000여 명이 시위에 가담해 1987년 들어 최고 기록에 달했다고 발표했다. 국민대회가 있던 6월 10일 시위 규모에 대해 경찰이 이상한 통계를 발표했다고 지난번에 얘기하지 않았나. 그때 6·10 시위 규모를 대폭 축소했던 경찰은 15일 이날 최대 규모의 시위가, 물론 15일 기록도 축소한 것이긴 하지만, 있었다고 발표했다.

갈수록 거센 '독재 타도' 함성
"난 카드 다 썼어요" 비명 지른 전두환

6월항쟁의 전개, 여덟 번째 마당

김 덕 련 6·10 국민 대회에 이어 명동성당 농성 투쟁이 1987년 6월 15일까지 이어졌다. 그 후 상황은 어떠했나.

서 중 석 6월 16일에도 여러 도시에서 경찰력으로 시위를 막지 못하는 사태가 발생했다. 대도시인 대전은 무방비 상태나 다름없었다. 시위대는 전보다 더 무차별적으로 파출소, 관공서, 민정당 당사를 공격했다.

16일 대전에서 시위는 6시경에 시작됐다. 8시가 넘으면서 시민들이 적극적으로 가담해 시위대가 5,000~6,000명에 이르렀다. 시위대는 역과 도청 사이의 중앙로에 진출하려 했는데, 인원이 점점 늘어나면서 그게 가능하게 됐다. 9시쯤 시위대는,《말》에 의하면 이때 2만여 명으로 불어난 상태였는데, 도청 앞에서 시민 대회를 열었다. 시위대가 2만 명을 넘어서자 중앙로를 지키던 경찰의 저지선이 무너졌다. 도청 앞에서 대전역에 이르는 1킬로미터가 순식간에 민주 광장으로 변했다.

11시 30분경 시위대 4,000여 명이 도청을 에워싸고 점거하려 했다. 경찰은 다연발탄을 무차별적으로 쏘아댔다. 그 때문에 부상자가 속출했다. 대전백화점 유리창도 시위대의 공격으로 심하게 파손됐다. 대전백화점은 대통령 부인 이순자의 재산이라는 소문이 돌던 곳이었다. 시위는 상오 1시까지 계속됐는데 밤이 깊을수록 실업자, 룸펜 청년 등이 많이 나섰다. 이날 천안에서도 전날에 이어 거센 시위가 일어났고 청주에서도 시위가 벌어졌다.

1862년 진주 민란 연상시킨
1987년 6월 진주 시위

── 6월항쟁 때 지방에서 전두환의 간담을 서늘하게 하는 데 중요한
역할을 한 곳으로 대전과 더불어 부산, 진주를 지난번에 꼽았다.
6월 16일 진주 쪽은 어떠했나.

1862년 전국 각지에서 농민들이 봉기해 민란을 일으키지 않았
나. 가장 크게 일어났고 의의가 큰 민란이 진주 민란인데, 1987년
6월 16일 진주에서 일어난 시위는 125년 전에 있었던 진주 민란이
떠오르게 했다.

전날(15일) 시위에 제대로 대처하지 못했던 경찰은 16일 요소요
소에 전경과 사복 경찰을 배치하고 초동에 완전히 제압하려 했다. 경
찰은 최루탄을 난사하고 몽둥이를 휘두르며 학생들을 연행했다. 그
런 속에서 1시 30분경 시위 인원이 3,000명으로 늘어났다. 학생들은
수정파출소를 점거한 데 이어 역전파출소에 불을 질렀다. 또한 상평
공단 쪽으로도 진출해 공단파출소와 경찰 기동대 중대를 습격했다.

그 이후에 극적인 사태가 발생했다. 학생 400여 명이 남해고속
도로를 점거하겠다면서 검문소와 파출소에 불을 지르고 인터체인지
쪽으로 방향을 돌렸다. 학생들은 5시 20분경 남해고속도로에 진출했
다. 그 후 2시간 동안이나 진주-하동 간 도로를 점거하고 농성을 벌
였다. 학생들이 차를 세우고 '불편하게 해서 미안하다'고 하자, 차에
타고 있던 사람들이 학생들에게 박수를 보내는 일도 있었다. 경찰은
고속도로 점거 농성에 크게 놀라 서둘러 진압에 나섰다. 그렇지만 시
위대한테 코가 꿰인 격으로 뾰족한 방안이 없었기 때문에 교수들을

통해 학생들과 협상할 수밖에 없었다.

진주 민란을 연상시키는 시위가 이날 일어났다고 얘기했는데 진주의 대학생들 중에는 농민 출신, 그것도 가난한 농민 출신이 많았다고 한다. 진주 경상대는 국립대여서 사립대보다 학비가 싼 편이었다. 그래서 가난한 농민의 자식들이 경상대에 많이 들어갔는데, 이들은 우직한 면도 있었고 뚝심도 있었다.

파시스트 권력임에도
치안 부재 상황 그대로 드러낸 전두환 정권

—— 부산을 비롯한 다른 지역은 어떠했나.

부산에서는 학생들이 규모가 큰 연합 시위를 벌였다. 7시경 학생 6,000여 명이 연합 시위에 들어갔다. 이들이 남포동 거리를 뒤덮으면서 시위대는 곧 1만 명을 넘어섰다. 시위대는 부산 시내 곳곳에서 11시경까지 경찰과 치열한 공방전을 벌였다. 그러다가 자정을 넘긴 시위대는 최루탄 발사와 백골단의 무자비한 연행을 피해 가톨릭센터에 들어갔다. 6·10 국민 대회 때 경찰과 접전을 벌이다 밀린 시위대가 명동성당에 들어가면서 명동성당 농성 투쟁이 시작되지 않았나. 그것과 마찬가지로 6월 16일 이날 부산에서 시위대가 가톨릭센터에 들어가면서 자연스럽게 가톨릭센터 농성 투쟁이 나타나게 된다.

마산, 대구, 인천에서도 시위가 있었다. 수원에서는 시민, 학생 1만여 명이 수원역 앞에서 밤늦게까지 대중 집회를 열고 시국 토론을 열다. 이날 경찰은 한신대 강돈구 교무처장을 비롯한 교수 10여

1987년 6월 17일 부산 국제시장 앞. 3,000여 명에
이르는 시위대가 가톨릭센터로 진출하기 위해 모여
있다. 사진 출처: 부산민주항쟁기념사업회

여덟 번째 마당   **151**

명을 강제 연행했다. 정체불명의 청년들이 학생과 시민들에게 폭력을 휘두르자 한신대 교수들이 그것에 항의했는데, 그 후 경찰이 교수들을 잡아간 것이다.

각지에서 거센 시위가 계속 일어나면서 전두환은 점점 더 궁지에 몰리고 있었다. 노태우건 여당이건 국민들이건 모두 전두환 얼굴을 쳐다보고 있는데, 4·13 호헌 조치를 강행한 전두환으로서는 6월항쟁에 대응해 내놓을 만한 마땅한 방안이 없었다. 그러면서 6월 15일과 16일 대전과 진주에서 있었던 것과 같은 시위에 제대로 대처하지 못해 치안 부재 상황을 국민한테 그대로 보여줄 수밖에 없었다. 파시스트 군부 독재자로서는 참을 수 없는 수치이자 모욕이었다.

KBS 부산방송본부 놓고
시위대-경찰 치열한 공방전

── 17일에도 시위는 계속되지 않았나.

17일에도 각지에서 시위가 일어났는데 그중에서도 역시 진주, 대전, 부산의 시위 규모가 컸다. 이날 시위대는 고속도로를 3시간 동안 점거했고 파출소 17곳, 민정당 당사 3곳, 지방 KBS 2곳을 습격했다.

부산에서는 시위대가 농성 중인 가톨릭센터를 둘러싸고 아침부터 공방전이 벌어졌다. 경찰이 최루탄을 쏘아대자 농성 시위대는 돌을 던지며 맞섰다. 그러면서 농성단이 200여 명으로 줄어들었다. 그런데 곧 끝날 줄 알았던 이 농성은 7일이나, 그러니까 명동성당 농성보다 더 길게 이어지게 된다.

17일 오후에는 부산 시내 10개 대학 학생들이 시내에 쏟아져 나왔고 시민들도 학생 시위에 합류했다. 3시 30분경 부산대 학생들이 경찰과 투석전을 벌이며 격렬히 시위했다. 그러면서 중앙로의 교통이 1시간 30분 동안 마비됐다.

10시 30분경 시위대는 "가톨릭센터 농성 학생, 시민을 구출하자"고 외치며 가톨릭센터 진입을 시도했다. 그렇지만 증원된 경찰에 막혀 진입할 수 없었다. 그러자 시위대는 KBS 방송국으로 몰려가 그 안에 들어가려 했다. 그 와중에 경찰 1개 소대를 포위해 진압 장비를 빼앗고 무장을 해제했다. 10시 35분경 수많은 시민과 학생이, 한 자료에는 3만여 명으로 나오는데, 경찰과 대치한 가운데 KBS 부산방송본부 건물을 습격해 철제 울타리 30개를 파손했다. KBS 부산방송본부를 놓고 시위대와 경찰은 자정까지 공방전을 벌였는데, 전쟁터를 상기시킬 정도였다.

고속도로 점거하고 열차 세우고
…그러나 내란과는 전혀 달랐다

── 진주 상황은 어떠했나.

이날 경상대 학생들은 3개 조로 나뉘어 교문을 나섰다. 조별로 임무가 달랐는데 3번째 조가 남해고속도로를 점거하게 돼 있었다. 3번째 조에 속한 300여 명은 옛날 동학농민군처럼, 1894년 동학농민군이 마지막에 싸운 곳 중 하나가 바로 이 진주인데, 산을 타고 넘어 4시 25분경 남해고속도로로 들어가 사천 진입로까지 진출했다.

1987년 6월 18일 자 동아일보에 실린 사진. 경상대 학생들은 17일 LPG 수송차를 강제로 정지시킨 뒤 요구 조건을 내걸며 시위를 벌였다.

　학생들의 점거로 고속도로가 두절되면서 진주에서 삼천포로 가는 국도까지 막혀버렸다. 고속도로 12킬로미터 구간과 국도 12킬로미터 구간에 1만여 대의 차량이 장사진을 이룬 채 3시간 동안 움직이지 못했다. 그러면서 기사와 승객들이 시위 현장에 몰려들었는데, 시위대에 물을 건네는 등 대체로 우호적이었다.

　8시경 LPG 수송차에 올라탄 시위대는 횃불을 들고 시내 쪽으로 나아갔다. 이들은 시내에서 시위를 하고 있던 학생들과 합류했다. "연행 학생을 석방하지 않으면 가스차를 폭발시켜 모두 죽겠다", 앞에 선 학생들이 이렇게 소리치자 3,000여 명의 학생들이 "죽자! 죽자!"라고 외치며 행진했다. 그러자 전경들이 한 치 앞도 안 보일 정도로 최루탄을 쏘아대며 가스차를 급습했다. 전경들은 차에 타고 있던 학생들을 군홧발로 짓이기고 각목 등으로 때려 반죽음 상태로 만든

다음 연행했다. 8시 33분경에는 경찰에 밀려 후퇴하던 시위대 일부가 철길에 올라가 마산발 진주행 비둘기호 열차를 세웠다. 이날 창원과 마산에서도 학생들이 시위를 벌였다.

—— 대전을 비롯한 다른 지역에서는 어떠했나.

17일 대전의 각 대학은 기말 시험을 무기한 연기하고 조기 방학에 들어갔다. 그러나 여러 대학 학생들은 출정식을 하고 오후에 거리로 쏟아져 나왔다. 10시까지 경찰과 시위대는 대전역, 홍명상가 일대를 여러 차례 뺏고 뺏기는 격전을 치렀다. 10시경에는 홍명상가 광장에서, 10시 40분경에는 대전역 광장에서 불길이 치솟았다. 일부 시위대는 열차를 세우고 대전역 선로 위에서 투석전을 벌였다.

이날 시위대는 7시가 조금 지났을 때 은행동파출소를 불태운 것에 이어 11시경 목동파출소를 불태웠다. 또한 용두동파출소, 역전파출소 등을 습격했다. 민정당 당사도 공격을 당했고 KBS 대전총국은 300여 명의 시위대에 의해 습격당했다.

천안과 공주에서도 시위가 벌어졌다. 대구 지역의 5개 대학 학생들도 연합 시위를 벌였다. 이들의 가두 행진에 시민들이 동참해 시위대는 8,000여 명이 됐다. 학생들이 "비폭력", "비폭력"을 외치자 시민들이 그것에 항의하는 일도 일어났다. 경찰이 최루탄을 더 많이 발사하고 시민들에게도 '사과탄'을 던지면서 생긴 일이었다. 이날 경주, 광주, 안산, 인천에서도 시위가 있었다. 인천 시위에는 중·고등학생도 1,000여 명 참여했다. 성남에서는 5개 대학 학생들이 연합 시위를 벌였다. 서울에서는 28개 대학 학생들이 교내 집회와 시위를 했다.

이처럼 부산, 대전, 진주와 같은 도시에서 여러 날에 걸쳐 규모가 큰 시위가 일어나고 경찰의 힘으로는 이걸 통제하지 못하는 사태를 맞았다. 고속도로가 장시간 점거를 당하고 철도 운행이 중지되는 사태는 내란 사태와 흡사하게 비칠 수도 있었다. 그렇지만 그건 내란과는 전혀 달랐다. 민주화를 염원하는 학생들과 시민들의 충격 요법으로, 엄격히 제한된 일시적 공세였다는 점에서 그렇다.

궁지에 몰린 전두환의 푸념
"나는 카드를 다 썼어요"

— 이 무렵 전두환은 어떤 모습을 보였나. 항쟁을 가라앉힐 묘안이 없었다고는 하지만, 그렇다고 가만있을 수 있는 처지는 아니지 않았나.

6월 17일 저녁 전두환은 노태우와 안무혁 안기부장, 이춘구 민정당 사무총장, 이치호·현경대 의원, 박영수 비서실장, 안현태 경호실장 등을 청와대 안가에 불러들였다. 노태우의 대통령 후보 선출을 축하하는 술자리였는데, 여기서 전두환은 "우리가 지금 밀리고 있다"는 표현을 두 번이나 썼다. 누가 뭐라고 한 것도 아닌데 "나쁜 짓을 뭐 많이 했기에 겁이 나느냐"는 얘기도 했다. 그러면서 이렇게 토로했다. "나는 카드를 다 썼어요. 이제 없어." 이 자리에서 전두환이 한 말은 물론 전혀 보도될 수는 없었다.

전두환은 며칠 동안 혼자서 되뇌던 말들을 이 자리에서 털어놓은 게 아닌가 싶다. '카드를 다 썼다. 이제 없다', 이렇게 독백 비슷한 푸념을 한 건 그동안 자신이 초강경책을 많이 써서 더 쓸 것이 없다는 뜻으로 들릴 수도 있지만 4·13 호헌 조치 때문에 아무런 카드도 내놓을 수 없게 됐다는 푸념이기도 할 것이다. 또 6·10 국민 대회, 명동성당 농성 투쟁, 그리고 대전, 부산, 진주 등지에서 계속되는 격렬한 시위 등 자신이나 신군부로서는 전혀 예상치 못한 사태에 맞닥뜨려 아무런 대책도 떠오르지 않는다는 걸 솔직히 고백한 것이기도 하다. 또 장세동 안기부장 때와는 다르게 손발이 맞지 않아 마땅한 카드가 없다는 말로 들릴 수도 있었다.

— 정권 차원 또는 민정당 차원에서 상황을 수습하기 위한 조직적
　　인 대응책을 마련하는 움직임은 없었나.

17일 저녁 이 술자리에서 전두환이 얘기할 때까지 전두환이건 민정당 또는 노태우 쪽이건 정권 비상사태에 당황하기만 했을 뿐 대책 회의다운 대책 회의를 한 적이 없었다. 또 전두환 정권 때에는 '땡전 뉴스'라 불리던 KBS 9시 뉴스에 항상 전두환 소식이 첫머리에 나오지 않았나. 그런데 6월항쟁 때에는 전두환이 '땡전 뉴스'에 나와서 시위대를 설득하거나 국민을 안심시키기 위한 연설을 한 일도 없었다. 그런 연설을 한마디도 하지 못했다. 1950년 한국전쟁이 난 후, 엄청난 전쟁이 났는데도 방송을 통해 이승만이 어떠한 발언도 하지 못한 것과 비슷했다.

6월 17일 이 자리에서 전두환은 중요한 말을 했다. 뭐라고 했느냐 하면 "우리가 과거에 하던 식, 군부를 동원하고 비상 계엄을 선포하는 그런 걸 반복하면 안 되지 않겠어?"라고 반문하는 투로 말했다. 비상 계엄을 선포할 수 없다 또는 선포하지 않겠다는 걸 술자리에서 그대로 토로한 것이라고 볼 수 있다. 시위대가 사생결단 태세로 싸운

명동성당 농성 투쟁, 그리고 대전, 진주, 부산 등지에서 일어나는 일을 보면서 전두환 머릿속에 1980년 광주항쟁이 떠올랐을 것이고 그러면서 자문자답한 것을 털어놓은 것이라고 할 수 있다.

전두환은 노태우를 중심으로 새로운 대처 방안을 마련해야 한다고 강조했다. "이제는 대책을 나는 뭐라고 말을 할 수가 없으니까 노 대표 중심으로 내놓으시오", 이렇게 얘기했다. 6월 17일 밤이 돼서야 노태우와 민정당이 전두환의 4·13 호헌 조치를 넘어서서 어느 정도 신축성 있는 방안을 강구할 수 있게 된 것이다.

6·10 국민 대회 이후
진로 놓고 진통 겪은 국본

—— 이 시기에 국본(민주 헌법 쟁취 국민운동본부) 분위기는 어떠했나.

6·10 국민 대회 이후 6월 17일까지 명동성당 농성 투쟁을 비롯해 전국 각지에서 엄청난 규모의 투쟁이 벌어졌는데, 그것들은 국본과 상관없이 자발적이고 자연 발생적으로 전개됐다. 그러한 거대한 투쟁이 일어나고 있는 가운데 국본은 결정을 하지 않을 수 없는 상황에 놓여 있었다.

국본은 6·10 국민 대회 이후 진로를 설정하는 과정에서 진통을 겪었다. 소장 세력 쪽에서는 빠른 시일 내에 다시 투쟁을 전개해야 한다고 주장했다. 그러나 김영삼 측이나 김대중 측에서 나온 이른바 노장 세력 측은 장기 프로그램을 세우자고 하면서 반대했다. 이들 정치 세력은 명동 투쟁처럼 계획에 없던 투쟁이나 장외 투쟁이 뜻하지 않은 사태를 몰고 올 수 있다고 두려워했다. 양김은 직선제를 쟁취하겠다고 말은 했지만, 투쟁으로 그걸 이번에 이뤄낼 수 있다는 믿음이나 의지는 약했다. 통일민주당은 이미 원내 복귀를 생각하고 있었다.

이렇게 의견이 엇갈린 가운데, 6월 13일 국본에서 열린 회의에서도 합의에 도달하지 못했다. 명동성당 농성 해산이 확실시된 15일 오전에 국본은 다시 회의를 열었다. 이 자리에서 가까운 시일 내에 평화적 국민 행사를 벌이기로 결정했다. 그렇지만 김영삼 통일민주당 총재는 국회 등원을 선언했다.

16일에 가서 국본은 6월 18일을 최루탄 추방 국민 결의의 날로 정했다. 교회여성연합회를 비롯한 여성 단체 주최로 18일 서울 연동교회에서 최루탄 추방 공청회를 열기로 돼 있었는데, 이것에 맞춰 18일을 최루탄 추방 국민 결의의 날로 정한 것이다. 국본은 18일 오후 6시에 일제히 경적을 울리고 밤 10시에 전 국민이 10분간 소등할 것을 요청했다.

최루탄 추방 국민 결의의 날,
전쟁터를 방불케 한 서울 중심가

── 역대 독재 정권은 민주주의를 요구하는 국민들을 짓밟기 위해 최루탄을 애용했다. 그 과정에서 1960년 김주열, 1987년 이한열이 최루탄에 희생되는 일까지 일어났다. 그러한 최루탄 추방을 내건 6월 18일 상황은 어떠했나.

18일 최루탄 추방 공청회가 열릴 예정이던 서울 연동교회와 그 부근의 기독교회관에 여성 단체 회원, 학생, 시민들이 몰려들었다. 경찰은 연동교회를 원천 봉쇄했다. 4시경 한국여성단체연합 등 4개 여성 단체 회원과 시민, 학생들이 연좌시위를 벌이며 노상에서 공청회를 열었다.

이에 앞서 1시 20분경부터 학생들이 거리에 나왔다. 이날의 격전지도 6·10 국민 대회와 비슷하게 을지로 입구에서 명동 신세계백화점, 퇴계 고가 도로, 시청 앞과 남대문, 서울역 일대에 형성됐다. 6시 40분경 학생들은 동방플라자 앞에서 화염병을 던지며 경찰과 싸웠다. "호헌 철폐", "독재 타도" 구호가 울려 퍼지면서 시위대는 곧 1만여 명으로 불어났다. 같은 시간 명동성당 앞에서는 1만 5,000여 명이 집회를 열었다.

7시 30분경 신세계백화점 일대에 시위대가 몰려와 군중이 2만 명을 넘어섰다. 대부분의 학생들은 계속 "비폭력"을 외쳤다. 그렇지만 3,000~4,000명의 학생들은 자체적으로 무장하고, 미도파백화점 앞에 배치된 전경 700여 명과 투석전을 벌였다. 급기야 경찰이 밀렸다. 학생들은 전경 80여 명을 포위해 헬멧, 방독면, 방패 등 시위 진압 용품을 전부 빼앗아 신세계백화점 앞 분수대에서 불태웠다. 이어서 무장 해제된 전경들을 최루탄 10여 상자와 함께 분수 안에 몰아넣었다. 8시경부터 서울역 일대에서 마지막 격전이 전개됐다. 8시 30분경 시위대 1만여 명이 광장 앞 도로까지 점거했다. 이 때문에 신세계백화점에서 서울역 사이의 교통이 마비됐다.

6·10 국민 대회 때처럼 이날도 서울 중심가는 전쟁터를 방불케 했다. 시위대와 경찰이 곳곳에서 치열한 공방전을 벌였는데, 그때마다 경찰의 통제력은 한계를 드러냈다. 학생 시위대가 여러 곳에서 주도권을 행사하는 모습을 볼 수 있었다.

6월항쟁 최대 인파,
부산 서면 일대를 뒤덮다

—— 부산에서도 규모가 큰 시위가 벌어지지 않았나.

이날 최대의 시위는, 6월항쟁 최대의 시위이기도 할 터인데, 부산에서 일어났다. 부산에서는 부산 국본이 최루탄 추방 국민 결의의 날 행사를 하기 전에, 그것도 이른 새벽부터 놀라운 사태가 전개됐다.

상오 1시 20분경 택시 기사들이 서면 로터리와 부산역, 초량 삼거리에서 경적 시위를 시작했다. 많을 때에는 300대 정도, 적을 때에는 50여 대가 6시 30분경까지 경적을 울리며 시위를 했다. 광주항쟁 때 택시 기사들을 중심으로 한 차량 시위(1980년 5월 20일)가 항쟁 수위를 끌어올리는 데 큰 역할을 했는데, 6월항쟁에서 부산의 택시 기사들도 상당한 역할을 했다.

이 무렵 부산에는 민주택시기사협의회가 있었다고 한다. 이 단체 회원들은 밤늦은 시간에 종종 경적 시위와 노킹 시위, 노킹이라는 건 엔진을 조작해 폭음을 내는 걸 말하는데, 그런 시위를 벌이곤 했다. 이들은 기사 식당에서 집결 장소 등을 전달받았다. 그리고 자기 택시에서 휘발유를 빼내어 화염병을 급조했다.

택시 기사들이 왜 이런 행동을 했느냐. 당시 시민들이 모여 있으면 어디서든 백골단이 쇠로 만든 곤봉을 휘두르고 경찰이 마구 쏜 직격탄에 부상자가 속출하는 것을 기사들은 볼 수 있었다. 그런데도 학생들이 계속 "비폭력", "비폭력"을 외치는 것에 기사들은 불만을 품고 있었다.

1987년 6월 18일 부산 서면에 모인 시민들. 서면에서 부산진시장에 이르는 왕복 8차선 도로에
발 디딜 틈 없이 인파가 몰려들었다. 사진 출처: 부산민주항쟁기념사업회

오후에는 대학생들이 부산 시내에 쏟아져 나왔다. 4시에 학생, 시민 등 3만 5,000여 명의 시위대가 파출소 3곳을 습격하고 민간인 소유 트럭과 소방차를 탈취했다. 시민들이 구름처럼 모여들면서 4시 30분경에 이미 6만여 명에 이르렀다. 시간이 지나면서 시민들이 더 늘어났고, 그러면서 6월항쟁 최대의 인파가 서면 일대를 뒤덮었다. 서면 로터리를 중심으로 부산상고 앞 대로와 범내골 일대 도로까지 시민들로 가득 찼다. 서면에서 부산진시장에 이르는 왕복 8차선, 5킬로미터 정도 되는 간선 도로에 발 디딜 틈 없이 인파가 몰려든 것이다.

── 얼마나 모인 것인가.

6월 18일 오후 6시경 부산 중앙동 부근에서 진압하는 경찰을 피해 흩어지고 있는 시위대.
사진 출처: 부산민주항쟁기념사업회

　　서면 일대에 모인 인파가 어느 정도인지는 자료마다 다르게 나온다. 기독교사회문제연구원에서 나온 《6월 민주화 대투쟁》에는 30~40만 명이라고 돼 있는데, 이건 부산 전체를 가리키는 것으로 쓰여 있고 서면 로터리에 모인 군중은 6만여 명이라고 돼 있다. 황인성이 쓴 글에는 "서면에서 부산역에 이르는 4킬로미터의 간선 도로를 약 30만 명의 시위 인파가 완전히 메운 상태"라고 나와 있다. 부산민주운동사편찬위원회에서 낸 《부산민주운동사》에는 "서면에는 이미 30여만 명의 시위대가 운집해 있었다"고 쓰여 있다. 《6월항쟁을 기록하다》라는 책에 고호석이 부산의 6월항쟁에 대해 썼는데, 여기에도 《부산민주운동사》와 똑같이 서술돼 있다.

　　20만 명이 모였다고 나오는 자료도 여럿 있다. 예컨대 이날 서면 시위에 참여한 한 학생은 "서면 로터리에서 범내골 쪽으로는 끝이 안 보일 정도"였다며 20만 명이 모였다고 밝혔다. 당시 신문 보도를 보면 이것보다는 규모가 작았던 것으로 나와 있다. 동아일보는 5만여 시위 군중, 지켜보던 시민 3만, 그렇게 해서 8만여 명이 서면 로터리 도로를 점거했다고 보도했다. 한국일보도 숫자가 같다. 8만여 명이라고 썼다.

이런 여러 가지를 놓고 볼 때 10만 명 내외가 아니었을까 싶은데, 정확한 숫자를 단정하기는 어렵다. 그렇지만 이날 엄청난 인파가 모였다는 건 틀림없다.

정권이 위기감 느낄 만했던 부산 시위, 급속히 퍼진 비상 조치 소문

— 18일 저녁 부산에서 시위 양상은 어떠했나.

6시경부터 사상공단 노동자들이 잔업을 거부하고 시위대에 가세했다. 그러면서 사상터미널에서 주례 로터리에 이르는 길에서 노동자와 고교생, 인근 주민 등 2만여 명이 시위를 벌였다. 9시 30분경 시위 군중은 남포동 국제시장 부근의 초량1파출소, 남포동파출소 등 9개 파출소에 불을 지르고 집기를 부쉈다.

밤 10시경 서면에서 이동한 촛불 시위대가 범일 고가 도로를 통해 이어지는 좌천동 고가 도로, 이걸 오버 브리지라고 불렀다고 하는데, 여기를 통과하려 했다. 그런데 경찰이 최루탄을 난사하면서 도로는 아수라장이 됐다. 고가 도로 위에 있던 시위대는 독한 최루 가스에 질식돼 갈팡질팡했다. 그때 오버 브리지 밑에서 28세의 회사원 이태춘이 발견됐다. 고가 도로에서 떨어진 것인데, 이태춘은 6월 24일 사망했다.

자정을 넘기면서 경찰 저지선을 간신히 뚫은 시위대는 여세를 몰아 KBS 부산방송본부 앞으로 몰려갔다. 이태춘 추락 소식이 들려오면서 시위대의 분노가 극에 달했다. 화염병이 날아들어 방송국의 각종 집기류가 불탔다. 경찰도 죽을힘을 다해 KBS를 지켰다. 그러면서 KBS 부산방송본부를 둘러싸고 공방전이 벌어졌는데, 영화에나 나올 법한 대단한 공방전이었다.

19일 상오 2시 50분경에는 초량 로터리와 KBS 사이에 있던 시위 군중이 대형 트럭, 트레일러 등 차량 10여 대를 탈취한 후 시청으로 돌진했다. 경찰은 최루탄을 퍼부어댔다. 그런데도 시위대가 물러서지 않자, 경찰도 대형 트럭을 동원해 길을 막은 뒤 64연발 다탄두 최루탄을 발사했다. 그렇게 해서 간신히 시위대를 해산시켰다. 전두환 정권이 '이러다가 정말 큰일 나는 것 아니냐' 하는 위기감을 느낄 만한 상황이었다. 격렬한 시위가 이어진 가운데 어느새 새벽이 밝아오고 있었다.

이 무렵 전두환 정권이 비상 조치를 취할 것이라는 소문이 돌았는데, 18일 시위를 거치면서 더 퍼졌다. 당시 나도 그 소문을 들었다. 부산 시위 얘기가 나오면서 그 소문이 급속히 퍼진 것이다.

한 줌의 재로 변한
전두환의 대형 사진

── 다른 지역에서는 어떠했나.

마산, 울산, 김해에서도 시위가 있었다. 대전에서도 큰 시위가
벌어졌다. 7시경 중앙로 일대에 1만여 명의 시위대가 형성됐다. 시위
대는 대전역 광장, 시청 앞, 대전극장 일대에서 경찰의 최루탄 난사
에 맞서 격렬한 시위를 벌였다. 이 와중에 경부선 하행 열차의 통행
이 일시 중단됐다.

대구에서는 4시 50분경부터 민가협(민주화실천가족운동협의회) 회
원 등 여성 30여 명이 최루탄 추방을 위한 공청회 안내문을 돌렸다.
5시에 시위가 시작됐는데, 6시 40분경 경찰이 무차별적으로 최루탄
을 쏘면서 격렬하게 전개됐다. 서문시장 앞에서 투석전을 벌이던 시
위대는 소방차를 빼앗아 전경에게 물세례를 퍼부었다. 옷이 물에 젖
은 전경들은 진압 작전을 제대로 전개하지 못했다.

익산에서는 이날도 원광대 학생들이 시위를 벌였다. 군산, 목포,
광주, 순천, 춘천에서도 시위가 있었다. 춘천에서는 8시 30분경부터
시위가 벌어졌다. 그다음 날(19일) 상오 1시경에는 1만여 명의 시위대
가 도청 앞 광장에 모여 연좌 농성을 벌였다. 이때 시위대 중 200여
명은 도청을 점거하고 전두환의 대형 사진에 불을 질렀다. 원주, 수
원, 성남, 인천에서도 시위가 일어났다.

경찰은 6·18 최루탄 추방 국민 결의의 날에 전국 16개 도시, 247
개소에서 시위를 벌인 것으로 발표했다. 그런데 당시 신문에 난 걸
가지고 쭉 따져보면 실제로는 18개 도시에서 시위가 일어났다. 경찰

은 이날 시위에 8만 6,000여 명이 참가했다고 발표했다. 그와 달리 《6월 민주화 대투쟁》에는 150여만 명이 참가한 것으로 쓰여 있다. 전자는 지나치게 축소했고 후자는 과장됐다고 볼 수 있다. 경찰은 파출소 21곳, 경찰 차량 13대가 불타거나 파괴됐으며 1,487명을 연행했다고 발표했다.

● 경찰은 최루탄 추방 국민 결의의 날 이후에도 10년 넘게 최루탄을 계속 사용했다. 김대중 정부 때인 1999년에 와서야 시위 현장에서 최루탄을 사용하지 않겠다고 발표했다. 최루탄을 제조하는 업체는 그 후 수출에 주력했다. 한국산 최루탄은 '아랍의 봄' 시기 바레인을 비롯해 터키, 미얀마 등에 대거 팔렸다. 영국에 머물던 한 바레인 청년이 '최루탄 수출을 금지해달라'는 편지를 한국 시민 단체에 보내올 정도였다.

6시간 만에 군 출동 지시 번복한 건 미국 압력 때문? 그렇지 않다

6월항쟁의 전개, 아홉 번째 마당

19일의 두 회의…군 투입 지시한 전두환,
'정치적 대응 먼저' 의견 낸 당정 회의

김 덕 련 각지에서 항쟁의 불길이 타오르면서 곤경에 처한 전두환은 1987년 6월 17일 "나는 카드를 다 썼어요"라고 말했다. 그렇지만 전두환에겐 군 동원이라는 유력한 수단이 남아 있었다. 총칼로 권력을 잡았을 뿐만 아니라 1980년 5월 광주를 피로 물들인 전두환·신군부의 이력을 감안하면, 6월항쟁을 짓밟기 위해 군대를 동원할 가능성은 충분히 있었다.

그러나 6월항쟁 때 군은 투입되지 않았다. 그 원인이 무엇인지에 대해 그동안 '미국 때문이다', '88올림픽을 앞두고 있었기 때문이다' 등 여러 해석이 나왔다. 전두환이 정말 군을 투입하려 했는지에 대해서도 의견이 나뉜다. '전두환은 자신의 속마음을 털어놓을 수 있는 상대에게는 군을 동원하지 않을 뜻을 분명히 했다'는 증언이 있는가 하면, '군을 투입해 진압하라는 명령을 전두환이 실제로 내렸다'는 증언도 있다.

이처럼 해석과 증언이 엇갈리는 군 투입 문제와 관련해 주요하게 거론되는 것 중 하나가 6월 19일 상황이다. 이 부분을 짚어봤으면 한다.

서 중 석 경찰이 최루탄을 가장 많이 사용한 '6·18 최루탄 추방의 날' 다음 날인 6월 19일 오전 10시 30분 전두환은 안무혁 안기부장, 이기백 국방부 장관, 박희도 육군 참모총장을 비롯한 3군 참모총장, 고명승 보안사령관, 권병식 수방사령관 등을 청와대 집무실로 불렀다. 여기서 전두환은 비상 조치를 전제로 한 군 병력 배치에 관한 지시를 내렸다. 강태홍 부산시장이 위급 보고를 계속 올린 것도 이러한 조치가 나오게 된 요인 중 하나였다.

이 자리에서 전두환은 전국의 비상시 지역별 병력 배치 계획, 서울 지역의 병력 배치 계획에 관한 보고를 들었다. 그리고 한미 연합사에 사단 이동을 통보하게 함과 동시에 대전과 대구에 1개 사단을 보내고 2개 여단은 광주로 돌리며 부산에 1개 사단과 1개 연대를 보내 우선 부산, 대구, 마산의 시위를 진압하라고 지시했다. 서울의 경우 4개 연대를 주요 대학에 배치하도록 했다.

출동한 군은 6월 20일 새벽 4시까지 해당 지역에 진입해 공공 기관, 대학, 방송국 등에 배치되도록 돼 있었다. 6월 19일 8시에는 비상 국무 회의를 소집해 비상 조치를 발동하는 절차를 밟고 9시에는 비상 조치 담화를 생방송으로 내보낸다는 것이었다.

그런데 전두환이 군 출동 지시를 내린 이날 오후 2시 노태우 민정당 대표, 이춘구 민정당 사무총장, 안무혁 안기부장, 김윤환 청와대 정무1수석, 그리고 안기부장 특보 박철언 등이 청와대 인근 안가에서 당정 회의를 열었다. 이 모임에서는 "비상 조치를 하더라도 정치적 대응을 조금 더 해본 후에 해야 한다", "사전에 정치력을 보이는 작업이 필요한 것 같다"는 의견이 나왔다. 당정에서 중요한 위치에 있는 간부들이 지금은 정치력을 발휘하는 것이 중요하다는 의견, 다시 말해 비상 조치에 명확히 반대하는 의견을 말한 것이다.

당정 회의 참석자 중 안무혁 안기부장은 이날 오전에 열린 청와대 회의에도 참석했다. 다른 참석자들의 면면을 보더라도 오전에 있었던 청와대 회의 내용을 잘 알고 있을 만한 사람들이다. 그런데도 비상 조치를 지금 발동해서는 안 되고 먼저 정치력으로 대응해야 한다고 얘기한 것이다. 전두환이 비상 조치를 내릴 의사가 확고했다면

감히 이런 의견을 내놓을 리가 없다. 비상 조치를 내리지 않을 것임을 알고서 오후 2시 당정 회의를 열고 그런 의견을 말한 게 아니겠느냐, 이렇게 해석할 수밖에 없다.

주한 미국 대사 만난 후
전두환, 군 출동 지시 유보

—— 이날 미국 쪽도 움직이지 않았나.

전두환은 19일 오전 군 고위 관계자 등을 청와대로 소집해 군 병력 출동에 대한 지시를 내린 데 이어, 당정 회의가 열린 바로 그 2시에는 제임스 릴리 주한 미국 대사를 만났다. 릴리는 전두환에게 레이건 대통령의 친서를 전달했다.

레이건은 이 친서에서 한국의 계속적인 정치 발전을 위해 정치범을 석방하고, 권력을 남용해 탄압한 관리를 처벌하며, 자유 언론을 신장할 것을 권했다. 그게 친서의 주요 내용이었다. 군 출동을 자제하라는 요청은 친서에 전혀 들어 있지 않았다. 이대로 가서는 안 된다, 정치범 석방 등 변화가 있어야 한다는 점을 얘기한 것이었다. 한국의 시위 상황을 지켜본 레이건이 친서를 통해 '어느 정도 민주화 쪽으로 방향을 틀어야 한다'고 얘기한 것이다.

릴리는 이 친서를 읽은 전두환에게 계엄 선포에 대한 미국의 입장을 자신이 단호하게 얘기했다고 나중에 회고록에서 언급했다. 군을 출동시키면 절대 안 된다고 얘기했다는 것이다. 전두환은 릴리를 만난 이후인 이날 오후 4시 30분경 군 출동에 관한 지시를 유보했다.

이 부분에 대해 많은 사람이 '미국의 압력 때문에 전두환이 군 출동 지시를 유보한 것이다. 군이 나오지 않게 하는 데 레이건 친서나 릴리가 한 말이 중요한 역할을 했다', 이렇게 알고 있다. 민주화 운동 세력도 그런 주장을 많이 했다.

군 출동 지시 유보한 건 미국 때문? 그렇게 보기 어려운 이유

—— 19일 오전 10시 30분에 열린 회의에서 군 출동에 관한 지시를 내렸다가 오후 4시 30분경 유보했으니 6시간 만에 결정을 뒤집은 셈이다. 그게 미국의 압력 때문이라는 주장, 어떻게 평가하나.

당시 상황을 종합적으로 살펴보면 그렇게 보기가 어렵다. 사실은 19일 오전 청와대에서 열린 회의 분위기가 그렇게 심각한 것처럼 보이지는 않았다고 한다. 또 오후 2시에 열린 당정 회의에서 지금은 정치력을 발휘하는 것이 중요하다는 의견이 나오지 않았나. 거듭 말하지만 이 회의에서 그런 얘기가 나올 수 있었던 건 전두환이 군을 출동시키지 않을 게 뻔하다는 걸 참석자들이 잘 알고 있었기 때문이었다. 즉 2시 이전에 이미 전두환은 그렇게 마음을 먹고 있었던 것이다. 따라서 미국의 압력, 즉 릴리가 한 말 때문에 전두환이 군 출동에 관한 지시를 유보했다고 볼 만한 증거가 없다. 그리고 레이건 친서에 그런 내용이 전혀 없기도 하다.

사실 이날 릴리와 면담한 것 자체도 전두환이 이미 마음의 준비가 다 돼 있었기 때문에 만난 것이라고 보는 게 합리적이다. 왜냐하면 레이건 친서는 이틀 전, 즉 6월 17일에 이미 도착한 것으로 돼 있다. 그런데 미국 쪽의 면담 요청을 청와대에서 거절하다가 19일 이날에야 만난 것이다. 그걸 보더라도 그렇다.

물론 미국의 영향이 전혀 없었던 건 아니다. 미국이 군 출동을 지지하지 않을 것이라는 점도 전두환이 계산에 넣은 건 확실하다. 그러나 미국 지시에 따라 그렇게 결정했다고 볼 수는 없다. 지난번에 얘기한 것처럼, 6월 17일 저녁 전두환은 "우리가 과거에 하던 식, 군부를 동원하고 비상 계엄을 선포하는 그런 걸 반복하면 안 되지 않겠어?"라는 얘기도 했다. 나중에 상세히 분석하겠지만, 전두환은 6월항쟁 시기에 군을 출동시키는 것을 꺼렸다고 할까 조심스러워했다. 군이 나오는 것에 대해 두려움을 갖고 있었다.

전두환, 별것 아닌 이유를 대며
군을 출동시키지 않으려 했다

—— 19일 오전 청와대 회의에서 전두환은 '군을 투입하겠다'는 선언 수준을 넘어 '대전과 대구에 1개 사단' 식으로 구체적인 지역과 군 투입 규모까지 지정했다. 투입 완료 시점(20일 새벽 4시까지 해당 지역에 진입)도 결정됐다. 이렇게 구체적으로 지시한 부분을 어떻게 봐야 할까.

전두환 정권 시기를 쭉 살펴보면 알 수 있듯이 이 사람이 쇼를 잘한다. 전에 얘기한 대로 1986년 9월 하순경부터 전두환은 비상 조치 카드를 계속 만지작만지작했다. 그러면서 그해 9월 하순부터 11월

초까지 계엄을 선포해 군을 출동시키는 것에 관한 지시, 비상사태 시 김대중과 김영삼을 연행해 수사하라는 지시, 김대중을 정계에서 은퇴시켜 재수감과 외국행 중 하나를 택하게 하겠다는 지침 같은 걸 연이어 내리지 않았나. 특히 이 가운데 마지막에 말한 지침 같은 건 극비 형식을 취하면서도 김대중, 김영삼 쪽으로 흘러나가도록 돼 있었다. 전두환은 이런 지시, 지침을 연이어 내렸지만 실제로 그렇게 하지는 않았고, 그렇게 하기도 어려웠다.

6월항쟁 때에도 비슷하다. 1987년 6월 14일에 이미 전두환은 회의에서 군 출동 준비 지시를 내렸다. 유사시에 군이 출동하도록 그렇게 준비는 해놓았다. 그렇지만 14일 이 회의에서 정말 군을 출동시키겠다는 긴박감을 찾아보기는 어려웠다고 나와 있고, 이때 추가 지시가 있었던 것도 아니다.

6월 19일에는 군 출동 문제에 대해 14일보다 더 구체적인 지시를 하기는 했다. 그렇지만 그날 오후 그 지시를 유보하는데, 그것에 대해 나중에 아주 희한한 주장을 한다. 뭐냐 하면, 전두환이 19일 그날 오후 권복경 치안본부장한테 전화로 이렇게 물어봤다는 것이다. "자신 있느냐?" 군이 출동하지 않아도 치안을 유지할 수 있겠느냐는 뜻일 터인데, 권복경은 자신 있다고 답했다. 당연히 그렇게 대답하지 않겠나. 그러자 전두환은 그러면 군이 출동할 필요가 없다고 해버린다.

이 부분은 《전두환 육성 증언》에 그대로 나온다. 노태우 회고록에도 이 부분은 똑같이 나온다. 《전두환 육성 증언》하고 노태우 회고록이 똑같은 데가 그렇게 많지 않은데, 이 부분은 같다. 그러니까 군 출동에 대한 지시를 19일 오전에 내리긴 했지만, 바로 그날 오후에 별것 아닌 이유를 대면서 군을 출동시키지 않으려 한 것이다. 무엇보다도 난 오후 2시에 열린 당정 회의, 비상 조치를 발동하더라도 정치적 대응을 먼저 해본 후에 실시해야 한다는 의견이 나온 그 회의가 그걸 단적으로 얘기해준다고 본다.

미국 부분을 조금 더 살펴보자. 미국 의회는 일찍부터 한국의 민주화에 관심을 보였다. 언론도 그랬다. 그렇지만 레이건 정부는 이때까지 별 관심을 보이지 않았다. 그러다가 6월 17일에 도착한 친서부터 한국의 민주화에 관심을 보이고 있지만, 그것 때문에 전두환이 군을 출동시키지 않았다고 볼 만한 자료는 나오지 않고 있다. 돈 오버도퍼를 비롯한 여러 사람도 그렇게 얘기하고 있다. 나도 아까 얘기한 것처럼 '미국의 압력도 작용은 했다', 이렇게 쓰고 있다. 그렇지만 그게 주요 요인은 아니다. 전두환은 군 병력 출동을 유보한 대신 이한기 총리 서리에게 담화를 발표하게 한다. 이 총리 서리는 "과격 시위, 집단 난동 사태로 법과 질서 회복이 불가능해진다면 정부는 불가피하게 비상한 각오를 할 수밖에 없다고 본다"는 담화를 발표했다.

야당은 비상 조치 문제에 촉각을 곤두세웠다. 민주화의 강렬한 열기 속에서 시위가 얼마나 도도하게 전개되고 있는가에 대한 관심보다는 또다시 12·12쿠데타나 5·17쿠데타가 일어나지 않을까 우려했다. 전두환이 1986년 9월 하순경부터 비상 조치 운운하며 김대중, 김영삼 쪽으로 그것이 흘러가도록 했는데, 그 점은 이번에도 비슷했다. 6월 20일 새벽 비서가 다급하게 김대중 방문을 두드렸다. "방금 중대한 소식이 입수되었습니다. 친위 쿠데타랍니다." 그다음에 무슨 일이 일어났는가에 대해 이희호는 이렇게 적었다. "'5·17 추억'이 생생한 남편은 무척 당황한 모습이었다. 수첩 등 자료를 지니고 마당으로 나갔다. 꽃나무를 여기저기 옮기며 자료를 묻었다. 식탁에 온 식구가 둘러앉아 각자 기도하고 우리는 최후가 될지도 모르는 오찬을 들었다."

시위가 가라앉을 줄 모르는 가운데
대학 교수들도 집단 시위

── 비상 조치에 관한 풍문이 나도는 속에서도 민주주의를 요구하
는 시위는 이어지지 않았나.

6월 19일에도 시위가 계속 일어났다. 1987년에 부산은 비 오는
날이 많았다고 하는데, 19일에도 비가 내리는 가운데 부산 시내 10개
대학 및 3개 전문대 학생들이 연합 시위를 벌였다. 대구에서는 돌도,
최루탄도 사용하지 말자는 '무석무탄無石無彈' 시위가 벌어졌다. 시위
대와 전경들이 합의해, 시위대는 비폭력을 외치며 행진하고 전경들
은 길을 비켜줬다. 그렇지만 날이 어두워진 후 최루탄이 날아오고 시
위대는 돌을 던지며 맞서는 일도 생겼다.

대전에서는 7시 45분경 시위가 시작됐다. 9시가 넘으면서 시위
대는 5,000여 명으로 늘어났다. 경찰이 다탄두 '지랄탄'을 퍼부었지만
시위대는 완강히 버텼다. 그런데 이날 불상사가 벌어졌다. 11시가 조
금 지난 시각에 대전역 부근에서 시위대가 버스 1대를 탈취해 기동
대를 향해 돌진했다. 미처 피하지 못한 전경 3명이 중상을 입고 병원
에 입원했다. 이 가운데 20세의 박동진 일경이 숨졌다. 그다음 날(20
일) 국본 충남본부는 경찰과 시위대 양쪽의 폭력 사용 자제를 호소하
는 '전경과 대학생을 보호합시다'라는 성명을 발표했다.

최루탄 추방의 날(18일)에는 조용했던 청주에서도 19일에 격렬
한 시위가 벌어졌다. 충주, 광주, 목포, 순천, 전주, 익산, 군산, 춘천, 원
주, 인천, 성남, 안양, 안산에서도 시위가 발생했다. 춘천에서는 9시경
시위대 규모가 1만여 명에 이르렀는데, 11시를 전후해 운교동파출소

1987년 6월 19일 부산진시장 앞. 비가 내리는데도 시민들이 우산을 들고 시위를 하고 있다. 사진 출처: 부산민주항쟁기념사업회

를 전소시켰다. 시위대는 출동한 소방 차량 2대를 탈취하기도 했다.

성남에서도 대규모 시위가 벌어졌다. 《말》에 따르면 9시 반경 시위대가 시청 앞 광장으로 향했을 때 시위 인원이 4만여 명으로 불어났다고 한다. 시민들의 기세에 놀란 경찰은 시청 앞에서 '사과탄', 최루탄을 무차별적으로 쏘아댔다. 시청 관계자는 시위대가 연좌하지 못하도록 소방차 호스로 계속 물을 뿌렸다. 시위대는 성남파출소를 완전히 태우고 중앙파출소, 신흥파출소, 태평2동파출소를 부쉈으며 소방차 1대를 잠시 탈취하기도 했다.

이날 고려대 교수들이 교내에서 시위를 했다. 그때 내가 얘기를 듣고 찾아갔는데, 고려대 교수 19명은 지체 없이 민의에 순응할 것 등을 요구하며 연좌시위를 벌였다. 교수들이 시국 선언문을 발표하는 일은 1986년 봄에도 적지 않았고 1987년 4·13 호헌 조치 이후에는 아주 많았지만, 교수 시위는 1960년 4월 25일 대학 교수단 시위 이래 찾아보기 어려웠다.

영수 회담 우선이냐 평화 대행진이냐
…국본 내부 팽팽한 줄다리기

—— 국본(민주 헌법 쟁취 국민운동본부) 쪽 상황은 어떠했나.

국본은 이미 최루탄 추방 대회 이전에 전두환 정권에 타격을 가할 또 하나의 전국 동시다발 대회를 계획했다. 6월 26일 국민 평화 대행진을 하자는 안이 17일 상임집행위원회에서 결정됐다. 그러나 이 문제를 놓고 내부에서 의견이 대립하면서 18일에도 확정하지 못했다. 투쟁 열기를 더욱 조직적으로 담아내야 한다는 세력과 정치 협상을 통해 파국을 막아야 한다는 야당 등의 의견 차이가 또다시 분명히 드러난 것이다.

19일 밤 다시 국본 회의가 열렸다. 이 회의에서 상도동계, 동교동계 모두 비상 조치 가능성을 역설하면서 영수 회담을 기다려보자고 주장했다. 특히 설훈 등 동교동계에서 신중해야 한다는 주장을 폈다. 동교동 측과 가까운 문동환, 이우정 등 개신교 측도 신중론을 폈다. 그러나 영수 회담이 열린다고 하더라도 국민 평화 대행진을 추진해야 하며 그래야 야당도 협상력을 발휘할 수 있을 것이라는 반론도 만만치 않았다. 민통련 지역운동협의회는 "만약 정치권이 평화 대행진에 불참한다 해도, 또 군대가 출동한다 해도, '평화 대행진'은 예정대로 강행되어야 한다"고 역설했다.

팽팽한 대립이 계속되면서 합의는 쉽게 이뤄지지 않았다. 결국 20일 새벽이 돼서야, 월요일(22일)까지 정부의 반응을 기다려보고 아무런 응답이 없으면 6·26 평화 대행진 실시 계획을 23일에 공표한다는 데 겨우 합의했다.

시위 규모 한층 커진 광주·호남, 해외에서도 '독재 타도' 시가행진

—— 20일 시위는 어떻게 전개됐나.

6·10 국민 대회 이후 광주에서는 규모가 큰 시위가 일어나지 않았다. 그러다가 6월 19일에 시위 분위기가 다시 고조되는 것 같더니만 20일부터는 광주뿐만 아니라 호남 전체적으로 시위가 한층 더 커졌다.

20일 광주에서는 시위대가 중앙로 앞까지 도로를 완전히 점거했다. 《6월 민주화 대투쟁》에 9시경 원호청과 광주은행 사이에 운집한 인파가 약 20만 명이라고 쓰여 있을 정도로, 지하상가에서 서현교회에 이르는 도로를 시위대가 가득 메웠다. 목포와 순천에서도 시위가 있었다. 전주에서도 광주와 마찬가지로 20일에 시위 규모가 훨씬 커져 경찰과 공방전을 거듭했다. 부산과 비슷하게 학생들이 줄기차게 싸웠던 익산에서는 학생과 시민들이 최루탄 추방을 요구하고 경찰 폭력에 항의하는 '범이리 시민 총궐기 대회'를 열었다.

부산에서는 19일에 이어 20일에도 비가 내렸지만 시위는 수그러들 줄 몰랐다. 전보다 규모가 약간 작아지긴 했지만, 학생을 비롯한 2만여 명의 시위대가 차량을 앞세우고 격렬히 시위했다. 학생, 시민 7,000여 명이 시내버스 48대 등 50여 대의 차량을 탈취해 이들 차량을 앞세우고 경찰 저지선을 돌파하려 했다고 조선일보는 보도했다.

대구 시위도 이날 더 격렬하게 전개됐다. 9시경 시위대가 대구백화점 앞에서 연 대중 집회에는 회사원, 노동자, 상인, 접객업소 종업원에 더해 재수생까지 참여했다. 10시 40분경에는 달성파출소가 전소되는 등 4개 파출소가 불탔다.

전경 1명이 사망하는 불상사가 있었던 대전에서도 시위는 계속됐다. 20일 5시가 가까워졌을 때 시위대는 KBS 소속 승용차 1대를 불태우고 도청 신관과 도경 차고의 유리창을 부쉈다. 그러자 경찰이 다연발탄을 쐈고 주변은 뿌옇게 변했다. 춘천, 인천, 성남에서도 시위가 벌어졌다.

20일에는 해외 두 지역에서도 시위가 일어났다. 미국 뉴욕에서 2,000명쯤 되는 한국인이 궐기 대회를 열었고 샌프란시스코에서도 약 200명의 한국인이 "독재 타도", "호헌 철폐"를 외치며 시가행진을 했다.

김영삼의 영수 회담 결렬 선언으로
전두환의 6·26 대회 분열 계획 물거품

6월항쟁의 전개, 열 번째 마당

기로에 선 민정당과 노태우,
일요일인데도 광주·전남에서 격렬한 시위

김 덕 련 1987년 6월 17일 전두환은 노태우를 중심으로 시국 수습 방안을 마련하라고 지시했다. 그 후 노태우와 민정당은 어떤 움직임을 보였나.

서 중 석 노태우와 민정당은 6월 18일, 19일 시위 상황을 보면서 태도가 달라지기 시작했다. 토요일인 20일에도 격렬한 시위가 계속됐을 뿐만 아니라 광주, 순천, 익산, 목포 등 호남 지역에서 시위가 대단한 기세로 커지고 있었다.

민정당에서 보기에 상황은 점점 심각한 쪽으로 치닫고 있었다. 그러나 민정당은 전두환이 1986년 하반기부터 계속 만지작거린 비상 조치 카드를 바랄 처지가 아니었다. 군이 전면에 나서면 노태우 정권 출현이 뿌리째 흔들리면서 원치 않는 방향으로 상황이 뒤집어질 수 있었기 때문이다. 또 1980년 5·17쿠데타 직후 공화당이 얼마나 무력한 존재로 전락했나. 군이 출동하면 민정당 역시 5·17쿠데타 직후 공화당 신세가 될 수도 있었다. 그러한 가운데 민정당은 21일 의원 총회를 열어 의견을 수렴하기로 했다.

노태우는 6월 20일에 와서야 국민당 총재 이만섭, 신민당 총재 이민우와 회담했고 김수환 추기경도 만났다. 이들은 모두 노태우에게 직선제를 받아들이라고 권했다. 김 추기경은 "노 대표, 마음을 비우는 자에게 하느님은 복을 주십니다. 이 말씀을 잊지 마세요", 이렇게 덧붙이기까지 했다. 노태우·김영삼 회담을 거부한 민주당은 이날 "현 사태를 수습하는 길은 4·13 조치의 철회"밖에 없다며, 영수 회담을 다시 촉구했다.

— 민정당 의원 총회가 열린 21일에도 각지에서 시위가 일어나지
  않았나.

일요일인데도 21일 광주에서는 3시 30분경 시위가 시작됐다.
7시 20분경 광주공원에서 전경과 대치했을 때에는 시위대가 1만여
명으로 늘어났다. 목포에서는 3일 연속 시위가 벌어졌는데, 일요일에
가장 규모가 큰 시위가 일어났다. 18일부터 시위가 불붙은 순천에서
도 21일 이날 가장 격렬했다. 특히 순천에서는 수많은 고교생이 거리
에 쏟아져 나왔다. 전체 시위대의 80퍼센트 정도가 고교생이라고 얘
기될 정도였다.

제주에서는 1948년 4·3항쟁 이후 처음으로 규모가 큰 시위가 일
어났다. 전주, 익산, 부산, 안동, 인천에서도 규모가 큰 시위가 발생했
다. 해외에서도 시위가 일어났다. 20일에 뉴욕과 샌프란시스코에서
시위가 벌어진 데 이어 21일에는 로스앤젤레스에서 1,000여 명이 직
선제 개헌 등을 요구하는 시위를 벌였다.

민정당 의총에서 몇몇 의원,
'직선제 수용' 주문

— 민정당 의원 총회 분위기는 어떠했나.

21일 아침 7시부터 노태우와 이춘구, 안무혁, 김윤환 등이 회동

했다. 이들은 '4·13 호헌 조치'의 철회, 김대중 연금 해제, 언론기본법 폐지, 대학 자치 보장, 6·10 시위 구속자 석방 문제 등을 논의했다. 오전 9시 30분부터 민정당 의원 총회가 열렸다. 6·10 국민 대회 이후 처음 열리는 의원 총회였는데, 무려 6시간 10분 동안이나 계속됐다.

이종찬 회고록에 따르면 이날 서울 지역 분임 토의에서 전날에도 "이제 체육관 선거는 그만해야 해"라고 직설적으로 얘기했던 홍성우 의원이 다시 체육관 선거 불가론을 제기했다고 한다. 홍성우 이 사람은 1978년 12·12선거 때 화제가 됐던 인물이다. 탤런트 출신으로 서울 도봉구에서 당선돼 화제를 모았는데, 평이 괜찮았다. 그러자 서울시당 위원장이 뜯어말렸고 허청일 의원은 "지금 당장 직선제로 간다면 이것은 우리 당이 백기 들고 나오는 격이다"라고 말했다.

시도별 분임 토의가 끝나고 의원 총회 전체 회의가 열렸을 때 의외의 복병이 나타났다. 전국구 의원인 이용훈이 등단해 직선제를 해야 한다고 외쳤다. 이용훈은 1964년 1차 인혁당 사건 때 서울지검 검사였는데, '무리한 사건이다. 기소할 수 없다'고 지적하면서 상부의 기소 방침에 반대하다가 검사직을 떠난 사람이다. 이용훈이 이렇게 발언하자마자 홍성우 의원이 벌떡 일어나서 "직선제로 정면 돌파하세요"라고 목청을 높였다. 그러자 침묵을 지키던 의원들의 목소리가 나왔다. 신문 보도에 따르면 상당수 의원들이 비상 조치는 자제해야 하고 인권, 지방 자치제, 언론 등에서 어느 정도 민주화가 이뤄져야 한다고 발언했다. 한 신문은 서울 출신 의원의 경우 14명 중 5명이 직선제도 수용할 수 있다는 견해를 내놓았다고 보도했다.

그다음 날(22일) 민정당 중앙집행위원 간담회가 열렸을 때 노태우 대표의 표정이 대단히 어두웠다고 이종찬은 썼다. 그 전날 의원 총회 분위기를 보고받은 것 같았다. 22일 식사 때 노태우는 홍성우

　　　　　　　　　6월항쟁의 전개

1987년 6월 22일 자 경향신문. 노태우 민정당 대표는 이날 청와대를 방문해 민정당 의원 총회에서 나온 의견을 보고하고 개헌 논의 재개, 구속자 석방, 김대중 가택 연금 해제를 건의했다.

의원이 "너무 야당이나 시위 학생들 의견에 부화뇌동하는 것 같소"라고 참았던 불만을 드디어 뱉어냈다. 이 시기에 이 사람들이 어떤 생각을 하고 있었는지를 보여주는 내용이다.

—— 의원 총회까지 거쳤으니 노태우도 뭔가 제시했어야 할 텐데, 어떤 방안을 내놓았나.

노태우 민정당 대표는 22일 오전 청와대에 올라가 전날 의원 총회에서 나온 의견을 보고하고 개헌 논의 재개, 구속자 석방, 김대중 가택 연금 해제를 건의했다. 이 가운데 개헌 논의 재개 부분의 경우 6월 17일 전두환이 내린 지시 자체가 '이제 개헌 논의 재개하자. 그걸 너희들이 해라', 그런 뜻을 담고 있었다고 볼 수 있다. 어쨌건 22일 전두환은 노태우의 건의를 수용했다.

아울러 노태우는 특히 여야 영수 회담을 권했다.《노태우 육성 회고록》에 따르면, 당시 전두환의 지론은 우선 발등에 떨어진 위기를 막고 보자는 것이었고 그것도 타협이나 대화보다는 물리적인 힘으로 막아놓고 그다음에 어떻게 해봐야겠다는 생각이었다고 한다.

예비군까지 동참해
전주 역사상 최대 규모 시위

—— 22일 시위 상황은 어떠했나.

전주 역사상 최대 규모의 시위가 이날 격렬하게 전개됐다. 정오가 지나자 시민, 학생들이 연좌시위에 돌입했다. 3시가 가까워질 무렵 1만 5,000여 명의 시민이 코아백화점 앞에 모였다. 3시 반쯤 익산에서 증원 부대가 도착하자 경찰은 최루탄을 쏘기 시작했다. 학생, 시민들이 격렬히 저항하자 경찰은 한 발 물러섰다. 경찰은 도청, 시청, 도경, 민정당 당사 등 주요 거점을 지키는 데 치중했다.

6시경 전북대 복학생 200여 명이 예비군 훈련을 마치고 돌아가다가 가두 행진하는 사태가 발생했다. 예비군 복장까지 갖추고 반정부 시위를 한 것이다. 10시경에는 시위대 1만 5,000여 명이 서중 로터리에 집결해 대중 정치 집회를 연 뒤 해산했다. 그렇지만 그 후에도 곳곳에서 계속 시위가 벌어졌다.

이날 시위대가 투척한 화염병과 돌 등으로 인해 전주에 있는 거의 모든 파출소가 파손됐다. 8개 파출소가 습격당했고 이 중 3곳이 불탔다. KBS 오픈 스튜디오도 불탔다. 또한 시위대는 안기부 대공 상담소에 돌을 던지고 상담소 간판을 떼어냈다. 시경 대공분실, MBC, 교육청 등에도 돌을 던졌다.

익산, 광주, 제주에서도 시위가 일어났다. 제주에서는 제주대 학생 2,000여 명이 시내 중심가를 행진했는데도 경찰이 막지 못했다. 대구, 대전, 천안, 공주, 원주, 인천에서도 시위가 벌어졌다. 이날 22일까지 103개 대학 중 90개 학교가 방학에 들어갔다. 그런데 22일 이날 부산에서 또 하나의 큰 사건이 일어났다.

"다 죽여버려", 경찰에게 무차별 폭행당한 부산 가톨릭센터 농성 참여자들

── 무엇이었나.

부산에서 6월 16일 밤늦게까지 경찰과 공방전을 벌이던 시위대가 최루탄과 백골단을 피해 가톨릭센터에 들어가면서 농성이 시작되지 않았나. 가톨릭센터 농성은 부산에서 항쟁의 불길을 이어가는 데상당한 역할을 했다.

농성 참여자들은 21일 저녁부터 해산에 대한 토론을 벌였다. 토론은 22일까지 이어졌고, 결국 두 차례의 투표를 거쳐 22일 해산하기

1987년 6월 21일 부산 서면 교차로에서 한 시민이 경찰에 연행되고 있다. 사진 출처: 부산민주항쟁기념사업회

로 결정했다. 경찰로부터 안전한 귀가를 보장받은 다음 농성 참여자 130여 명 중 부산대와 동아대 학생들은 학교 버스로 귀가했다. 다른 학교 학생들과 시민 등 14명은 교구청에서 제공한 버스를 타고 집으로 돌아가기로 했는데, 이 버스에는 신부 2명이 동승했다.

그런데 이 버스가 남부경찰서 앞 바리케이드를 막 통과하는 순간 갑자기 무술 경관들이 버스를 둘러쌌다. 이들은 차를 세운 다음 죽도로 버스 유리창을 부쉈다. 양효섭 신부가 밖으로 나와 "시경에서 안전한 귀가를 약속했다"고 말했지만 소용이 없었다. "이 새끼들 다 죽여버려"라는 소리와 함께 방독면을 착용한 전경들이 사과탄과 총

유탄 30발 정도를 버스 안에 마구 던져 넣고 쏘아댔다. 운전기사는 기절해 쓰러졌고, 버스 안은 순식간에 생지옥으로 변했다. 경찰은 최루 가스를 못 견뎌 창문으로 나오려는 사람들을 죽도로 사정없이 내리치는 한편 버스에 있던 사람들을 문 밖으로 끌어내 군홧발로 짓밟았다.

경찰은 버스 탑승자들을 남부경찰서에 끌고 가서 다시 두들겨 팼다. 신부들이 항의하자 경찰은 "이 새끼야, 네가 신부면 다냐? 네가 주동자지?"라고 폭언을 하면서 학생, 시민들에게 계속 폭행을 가했다. 동아일보 보도에 따르면, 경찰의 최루탄 투척과 집단 폭행으로 탑승자 중 4명이 최루탄 파편이 박히는 등의 중상을 입었고 11명은 전신에 타박상을 입었다. 부산 교구 소속 사제들은 24일 정오부터 무기한 농성에 들어갔다.

도로 뒤덮은 촛불 대행진,
경찰은 막을 엄두도 못 냈다

— 국본(민주 헌법 쟁취 국민운동본부) 쪽을 짚어봤으면 한다. 국민 평화 대행진 추진을 놓고 국본 내부에서 팽팽한 의견 대립이 벌어졌다. 그 후 어떻게 진행됐나.

22일까지 정부의 반응을 기다려보고 아무런 민주적 조치가 없으면 평화 대행진 실시 계획을 23일에 공표하기로 간신히 합의했다고 말하지 않았나. 그런데 김영삼 통일민주당 총재가 6월 21일 밤 김상근, 인명진 목사를 만나 대행진 연기 가능성 여부를 타진했다. 22

일 오전에는 김수환 추기경을 만났는데, 두 사람 대화 도중에 노태우가 여야 영수 회담이 곧 이뤄질 것이라고 발표했다는 소식이 들어왔다. 김영삼은 곧이어 송건호, 이우정 등 국본 대표들을 만나서 23일 아침으로 예정된 평화 대행진 날짜 발표를 연기해달라고 요청했다.

김영삼이 이렇게 나오자 국본은 고민에 빠졌다. 22일 저녁 국본은 다시 회의를 열었다. 이 회의에 민추협 측 공동 대표, 상임집행위원들이 총출동하다시피 했다. 긴장 속에서 이 회의에서는 일단 "여야 영수 회담에 관계없이 '6·26 평화 대행진' 계획을 예정대로 발표해야 한다"는 주장이 우세했다. 이 회의에 참석한 성유보에 따르면 민통련, 민청련, 민가협 등 운동 세력이 하나같이 연기론을 반대한 것은 여름 방학이 임박한 것도 한 이유였다. 학생들이 여름 방학에 들어갈 경우 투쟁 동력이 제대로 나올 수 없었다. 성유보는 서대협을 비롯한 전국의 각 대학 총학생회장들이 본격적인 방학에 들어가는 7월 이전에 민주 쟁취 투쟁의 결말을 내자고 결의한 것도 '6·26 평화 대행진' 강행 결정에 큰 힘이 됐다고 썼다.

23일 국본은 26일 6시 '민주 헌법 쟁취를 위한 국민 평화 대행진'을 전국에서 동시에 실시한다고 발표했다. 그러나 평화 대행진에 앞서 여야 영수 회담 등을 통해 정부가 실질적 행동을 보여준다면 적극 환영할 것이라고 밝혔다. 그러면서 26일에는 6시 국기 하강식과 더불어 애국가를 제창하고 전국의 교회와 사찰에서는 종을 울리고 차량은 경적을 울리며, 밤 9시에는 10분간 TV를 끄고 소등할 것을 행동 지침으로 제시했다.

── 23일 시위 상황은 어떠했나.

전주에서는 22일에 이어 23일에도 규모가 큰 시위가 일어났다. 6시경부터 1만 명이 넘는 학생, 시민이 모여들었다. 9시 40분경부터 10시 30분경까지는 '민주 부활을 기원하는 평화의 촛불 대행진'이 전개됐다. 박정일 주교를 비롯한 신부, 수녀들이 앞에 서고 장애인들이 촛불을 그러쥐고 휠체어를 탄 채 그 뒤를 따랐다.

전주 전동성당에서 출발한 촛불 대행진 행렬이 시위대와 합류하면서 6차선 도로 1킬로미터를 가득 메울 정도로 많은 사람이 모였다. 이 인파에 대해 동아일보는 1만 5,000명, 《말》은 4만 명으로 보도했다. 경찰이 촛불 대행진을 막을 엄두를 내지 못할 정도였다. 도로를 가득 메운 시위대는 풍물 잔치, 농민들이 참여한 시민 강연회에 이어 전두환, 노태우 화형식을 거행했다.

익산에서도 곳곳에서 격렬한 시위가 벌어졌다. 광주에서는 신흥택시 기사들이 이색적으로 시위에 대거 나섰다. 4시 30분경에는 중앙로 4거리에서 조흥은행에 이르는 도로를 택시 시위대가 완전히 점거했다. 순천, 여수, 제주, 대구, 안동, 원주, 안양에서도 시위가 일어났다.

서울에서는 앞으로의 시위 투쟁과 관련해 학생들의 대규모 집회가 열렸다. 연세대 등 25개 대학 학생 2만여 명이 3시에 연세대 노천극장에서 서대협(서울 지역 대학생 대표자 협의회) 주최로 '호헌 철폐와 독재 종식을 위한 서울 지역 청년 학도 결의 대회'를 열었다. 2만여 명이 한자리에서 9시 10분경까지 장장 6시간 넘게 대회를 진행하며 시종 민주화 열기를 고조시켰다. 이날 나도 현장에서 지켜봤는데, 학생들이 마지막까지 흐트러지지 않고 참 잘하더라.

이 대회에서 향후 투쟁의 주된 구호를 직선제 쟁취로 확인한 것은 의미가 있었다. 다만 직선제 쟁취 구호는 대중성이 대단히 강했지만, 민주주의의 보폭을 1972년 이전 수준에 머물게 하는 아주 큰 약점이 있었다. 학생들은 투쟁 열기를 6·26 국민 평화 대행진으로 총집결할 것을 거듭 다짐하고 대중과 연대하는 활동도 강화하기로 했다.

회담 결렬 선언한 김영삼, 당황한 전두환과 민정당

── 그런 속에서 여야 영수 회담이 열리게 된다. 어떤 이야기를 주고받았나.

24일 국민들의 이목이 집중된 가운데 드디어 전두환과 김영삼의 영수 회담이 열렸다. 이 회담은 아주 길었다. 오전 10시 30분에 시작됐는데, 오찬을 거쳐 오후 1시 반까지 이어졌다.

김영삼은 4·13 호헌 조치 철회, 직선제와 내각제에 대한 선택적 국민 투표 실시, 김대중 가택 연금 해제 등을 요구했다. 전두환은 개헌 논의를 하겠다고만 말할 뿐, 그러니까 4·13 호헌 조치를 사실상 철회한 셈인데, 즉답을 피했다. 그러다가 어려운 대목에 부딪히면 '노태우와 만나 의견을 절충하라'면서 노태우에게 미뤘다. 그때마다 김영삼은 '노태우는 만날 필요가 없다. 당신이 책임자 아니냐. 왜 자꾸 미루느냐'고 다그쳤다. 전두환은 오찬 약속이 있다면서 회담을 끝내려 했다. 김영삼은 핀잔을 놓으면서 전두환을 주저앉혔다.

회담이 끝나자 김영삼은 신속하게 움직였다. 내외신 기자 80여 명과 기자 회견을 했는데, 여기서 김영삼은 전두환에게 4·13 호헌 조치 철회를 요구했으나 전두환이 응하지 않았다고 얘기했다. 실제는

1987년 6월 24일 국민들의 이목이 집중된 가운데 드디어 전두환과 김영삼의 영수 회담이 열렸다. 기자 회견 후 김영삼은 긴급 정무 회의를 주재하고, 영수 회담이 결렬됐다고 밝히면서 대여 강경 투쟁을 선언했다. 국민 평화 대행진을 강행할 것이며 전두환을 다시 만날 생각은 없다고 밝혔다. 사진 출처: e영상역사관

그게 아니라고 볼 수 있는데 왜 그렇게 얘기했느냐. 김영삼은 대통령이 개헌 논의를 즉각 재개할 것만 약속했을 뿐 선택적 국민 투표 제의에 대해서는 반응을 보이지 않았다고 전두환을 몰아세웠다. 바로 이 부분이다. 선택적 국민 투표 제의에 응하지 않았으니까 4·13 호헌 조치 철회 요구에 응하지 않은 것이라는, 김영삼다운 화법이었다.

기자 회견 후 김영삼은 긴급 정무 회의를 주재하고, 영수 회담이 결렬됐다고 밝히면서 대여 강경 투쟁을 선언했다. 국민 평화 대행진을 강행할 것이며 전두환을 다시 만날 생각은 없다고 밝혔다. 김영삼은 감각의 정치인으로도 불리는데, 김영삼 평생을 통틀어 감각의 정치가 최고로 잘 살아난 게 난 이것이 아닐까 싶다. 기가 막히게 나온

것이다. 평화 대행진 발표 날짜를 연기해달라고 국본에 계속 요청했기 때문에도 전두환과의 회담에서 눈에 띄는 큰 것을 얻어내지 못하면 안 되게 돼 있었다는 점이 큰 부담으로 작용했을 것이다.

── 전두환 쪽에서는 어떤 반응을 보였나.

전두환과 민정당은 낭패감을 느꼈고 당황했다. 다급한 처지에 놓인 여권은 기자들에게 "4·13 조치는 사실상 철회된 것이다"라고 설명하고 결렬 선언은 어불성설이라고 주장했다.

논리적으로 보면, 전두환이 개헌 논의 재개에 동의했으면 그건 4·13 호헌 조치를 철회한 것이라고 볼 수 있다. 그러나 김영삼에게 그건 의미가 없었다. '대통령 직선제와 내각 책임제에 대해 선택적 국민 투표를 실시하겠다', 이렇게 할 경우에만 김영삼에게는 4·13 조치를 철회한다는 의미가 있었다. 선택적 국민 투표를 하면 대통령 직선제가 압도할 거라는 건 누가 봐도 확실했다.

김영삼의 결렬 선언은 전두환과 노태우에게도 충격을 줬다. 김영삼이 결렬을 선언한 그날 결국 전두환과 노태우는 직선제로 가자는 데 합의한다고 하면서도, 6·26 국민 평화 대행진을 보고 최종 결정하기로 했다. 전두환과 노태우는 '김대중을 사면·복권한다'는 것에 흔쾌히 동의했다. 직선제를 할 경우 김대중을 사면·복권시킨다는 것은 바늘에 실 가듯이 반드시 따라붙게 돼 있었다. 그렇게 해서 김영삼도, 김대중도 대통령 후보로 나오게 해야 한다는 것이었다. 24일 자정 5분 전 마포경찰서 서장이 김대중 자택에 찾아와 자정을 기해 연금이 해제된다고 직접 통보했다. 78일 만이었다.

6·26 평화 대행진 전열 흩트리려는
전두환 계획, 물거품으로 돌아가다

── 김영삼의 영수 회담 결렬 선언이 6월항쟁 전개 과정에서 어떤
의미가 있었다고 보나.

김영삼이 직설적으로 회담 결렬을 선언해 전두환, 민정당에 강
편치를 먹이고 평화 대행진 강행이 당연하다고 발언한 것은 큰 의미
가 있었다. 만약 김영삼이 자기 행위를 합리화하기 위해 '영수 회담
이 반쯤은 성공하지 않았느냐, 전두환의 태도를 좀 더 지켜보자', 이
렇게 얘기했다면 6·26 국민 평화 대행진은 파열음을 낼 수도 있었다.

전두환의 계획은 영수 회담을 통해 통일민주당이 6·26 국민 평
화 대행진에 참여하는 것을 막고 대행진의 전열을 흩트리고, 직선제
문제에 대해 최대한 시간을 끄는 것이었다. 그런데 정치 감각이 뛰어
나다는 김영삼이 재빠른 공격으로 전두환의 그러한 계획을 완전히
실패로 돌아가게 만든 것이다.

그렇지만 6·26 국민 평화 대행진이 얼마나 중요한가를 김영삼
과 김대중이 충분히 인식하고 있지는 않았다. 당시 두 사람은 직선제
를 쟁취할 아무런 실질적인 방안도 갖고 있지 않았다. 그러면서도 그
나마 유지하고 있던 입지를 학생들의 폭력 투쟁으로 비상 조치가 선
포돼 상실할까봐 조마조마한 마음으로 크게 우려하고 있었다. 전두
환과 민정당, 그리고 모모 신문도 마찬가지로 조마조마한 심정이었
다. 6·26 국민 평화 대행진이 얼마나 규모가 크고 격렬한가에 따라
자신들의 정치 운명이 판가름 날 것임을 잘 알고 있었기 때문이다.

그런 점에서 6·26 국민 평화 대행진은 한판 '판갈이' 싸움이었

다. 중국에서 잘 쓰는 사자성어로 말하면 건곤일척의 전쟁이었고, 일본식으로 얘기하면 진검 승부처였다. 평화 대행진이 어떻게 전개되느냐에 따라 민권이 위대한 승리를 거둘 것인가, 군부 독재가 용기를 얻어 시간을 끌면서 다른 간특한 방안을 내놓을 것인가가 결판나게 돼 있었다.

24일에도 시위는 계속됐다. 서울, 광주, 여수, 전주, 남원, 원주에서 시위가 일어났다. 전주 시위는 이날도 규모가 컸다. 25일에는 광주, 여수, 전주, 익산, 부산, 안동, 제천, 원주, 인천 등지에서 시위가 일어났다. 전주, 익산의 시위는 규모가 꽤 컸고 부산에서는 연합 시위가 벌어졌다. 물론 서울에서도 시위는 계속 여기저기서 일어났다. 25일 일본 오사카에서는 한국의 민주화 운동을 지지하는 대회가 조총련 주최로 열렸다.

폭력으로 국민 이기려 한 전두환 헛꿈
산산조각 낸 6·26 평화 대행진

6월항쟁의 전개, 열한 번째 마당

6·26 평화 대행진 분쇄에
사활을 건 전두환 정권

김 덕 련 민주화를 요구하는 국민들과 전두환 정권의 대결이 정점으로 치닫는 가운데 6·26 국민 평화 대행진이 이뤄진다. 이것에 맞서 전두환 정권은 어떤 조치를 취했나.

서 중 석 1987년 6월 24일 국본(민주 헌법 쟁취 국민운동본부)은 6·26 국민 평화 대행진에 참여할 지역이 13개 도시에서 22개 도시로 늘어났다고 발표했다. 실제는 이보다 15~16개 더 늘어나게 된다. 국본과 서대협(서울 지역 대학생 대표자 협의회)은 명칭 그대로 국민 평화 대행진이 되도록 6월 26일 평화 시위를 할 것을 각별히 강조했다. 통일민주당도 과격 시위 자제를 역설했다.

전두환의 신경은 온통 6·26 평화 대행진에 쏠려 있었다. 6·26 평화 대행진 상황을 보고 나서, 직선제 요구를 받아들일지에 대한 최종 결정을 내리려고 마음먹고 있었다. 전두환은 시위를 초기 단계에서 철저히 분쇄해 6·26 평화 대행진을 무력화하려 했다. 그래서 권복경 치안본부장에게 초동 단계에서 6·26 평화 대행진을 꺾어버리라고 직접, 강력히 지시했다. 여러 일간지가 보도한 것처럼 6월 26일 시위대가 대체로 평화 시위 기조를 지키려고 노력한 것과 대조적으로 경찰의 폭력 진압이 난무하게 된 것은 전두환이 그러한 지시를 내렸기 때문이다.

전두환의 강력한 지시를 받은 권복경은 초동 단계에서 시위를 꺾기 위해 만반의 준비를 갖췄다. 경찰은 6·26 평화 대행진 집회와 시위가 예상되는 24개 도시에 355개 중대, 5만 6,000명을 배치했다.

이 중 2만여 명은 서울에 배치됐다.

6·26 평화 대행진의 최종 집결지인 파고다공원은 문이 굳게 닫혔다. 서울 시내 대부분의 시내버스와 택시 회사들은 25일 밤 정비사를 동원해 차량에서 경적을 제거했다. 기사들이 경적 시위에 동참하지 못하게 하기 위해서였다. 또한 서울에 있는 대부분의 중·고등학교는 26일 학생들을 일찍 귀가시켰다. 시위대 집결지 주변 회사들은 직원들을 빨리 출근시킨 다음 일찍 귀가하게 했고, 구로공단 업체들은 노동자들이 시위에 참여하지 못하도록 대부분 조업 시간을 밤 10시까지 연장했다. 시위 다발 지역으로 예상되는 곳은 지하철역과 버스 정류장을 폐쇄했다.

전두환 정권의 6·26 대비책으로 빼놓을 수 없는 것이 바로 보도 지침이다. 6·26 평화 대행진은 대단히 큰 시위였는데도 당시 신문들을 보면 이것에 관한 보도 지면이 아주 인색했다. 6·10 국민 대회와 그 이후의 보도를 볼 때 6·26 평화 대행진 보도에 보도지침이 더 강하게 작용했음을 느끼게 했다.

여러 신문을 보면 시위에 대한 총평과 연관 있는 도입부 문투가 비슷했다. 그래서인지 1면 기사와 시위 상황에 대한 사실 보도가 실린 사회면 기사가 큰 차이가 나는 신문이 여럿 있었다. 신문에 따라 차이가 있긴 하지만, 시위를 애써 축소해 보도한 경우도 많았다. 6·26 평화 대행진에 대해 전두환 정권이 얼마나 큰 관심을 갖고 있었는가를 말해주는 대목이다.

광주에선 광주항쟁 이후 최대 시위,
전주에선 한판의 거대한 민주 축제

—— 평화 대행진의 그날 국민들은 전국 각지에서 독재 정권과 치열
하게 싸웠다. 6월 26일 상황을 지역별로 짚어봤으면 한다.

먼저 광주로 가보자. 광주는 서울, 부산과 함께 6·26 평화 대행
진 최대의 격전지였다. 광주 시위는 5시에 시작됐다. 5시 30분경에는
금남로 4가에서 유동 삼거리에 이르는 폭 30미터, 길이 1킬로미터의
도로를 시민들이 가득 메웠다. 같은 시각 서현교회와 중앙대교 광주
천변에도 수만 명이 모였다. 서현교회 쪽 시위대의 선두에서 고교생
들이 전경과 치열한 접전을 벌였다. 광주의 고등학생들은 6월 24일부
터 시위에 적극 나섰는데 26일에도 '고등학생'이라고 적힌 깃발을 들
고 앞장서서 싸웠다. 여고생도 많이 참여했다.

평화 대행진 시작 시간인 6시경 한일은행 사거리에는 2만여 명
이 운집했다. 이들은 화염병을 던지며 시위를 벌였다. 8시경 시위대
는 3만여 명으로 늘어나 금남로 4가와 5가 사이 차도와 인도를 가득
메웠다. 이들은 '민주 헌법 쟁취하여 민주 정부 수립하자'라고 쓴 커
다란 현수막을 앞세우고 "최루탄 추방" 등의 구호를 외쳤다. 원각사
앞에서는 1만여 명이 집결해 경찰을 향해 돌진했다. 금남로 일대와
중앙대교 일대에서 화염병을 던지며 시위를 하던 시민, 학생 4만여
명은 자정이 지난 후에도 계속 시위를 벌이며 대중 토론회를 열었다.

1980년 광주항쟁 이후 가장 많은 시민들이 이날 거리에 나왔다.
동아일보, 한국일보, 조선일보는 5만여 명, 경향신문은 금남로 일대
에 5만여 명이라고 보도했고《말》은 30여만 명,《6월 민주화 대투쟁》

은 20~30만 명이라고 기록했다.

── 광주 이외의 호남 지역과 제주도에서는 어떠했나.

목포에서는 6시 30분경부터 시위가 커져 2만여 명이 2호 광장에 진출했다. 10시가 조금 지나서는 서울발 목포행 열차의 운행을 4분간 중단시키는 일도 벌어졌다. 순천에서는 7,000여 명의 시위대가 곳곳을 누비며 기세를 올렸다. 시위대는 KBS 방송국을 한때 점거했을 뿐만 아니라 중앙동파출소 등을 파괴하고 경찰 오토바이 2대를 불태웠다. 여수에서는 8시경 청년 학생들이 횃불 시위를 벌였다. 10시경 여수의 시위대는 수만 명을 헤아리기에 이르렀다. 광양, 무안, 완도에서도 시위가 벌어졌다. 제주도의 경우 제주에서 시위대 수천 명이 평화 대행진을 했고 최남단 도시인 서귀포에서도 시위가 일어났다.

전주 시위에는 부근 농민 500여 명이 시외버스를 타고 와서 가세했다. 8시경 시민, 청년 학도와 중·고교생 2만 5,000여 명이 4개 대열로 나뉘어 "독재 타도", "직선 개헌", "민주 쟁취" 등의 구호를 외치며 팔달로 일대를 행진했다. 서중 로터리에 이르는 1.5킬로미터를 행진하는 동안 시위 참여자는 훨씬 더 많아졌다. 팔달로에서 시위 군중을 막던 경찰 저지선은 맥없이 무너졌고, 전경은 어마어마한 규모의 군중에게 포위됐다. 수만 명의 시민, 학생은 범도민 시국 토론회를 열고 횃불을 밝혔다. 10시 15분경에는 군부 독재 장례식을 거행했다. 전주 역사에서 보기 드문, 한판의 거대한 민주 축제였다.

익산에서는 8시 10분경 신광교회에서 전북은행 사거리에 이르는 900미터 도로가 수만 명의 시민으로 가득 찼다. 군산에서는 6시

55분경 시민 1만여 명이 역전을 향해 행진했다. 7시가 지나면서 시위대는 더욱 늘어났다. 이들은 KBS 앞으로 행진하면서 왜곡, 편파 보도를 규탄했다. 군산에는 미군 부대가 있지 않나. 시위대가 미군 상가가 모인 곳을 지나면서 "독재 정권 지원하는 미군은 물러가라"는 구호를 외치자 미군들이 황급히 부대로 돌아가는 일도 있었다.

부마항쟁 떠오르게 만든 마산 시위, 안동과 거창에선 농민들이 적극 참여

── 부산과 경남 쪽은 어떠했나.

부산에서는 가톨릭센터에서 농성하던 신부, 수녀, 신도들이 민주화와 인권 회복을 위한 특별 미사를 연 후 침묵시위를 했다. 7시 40분경 시위대는 2만여 명으로 늘어났다. 이들은 서면 로터리로 행진했는데, 서면으로 향하는 도로마다 시민으로 가득 차 4만여 명을 헤아렸다. 10시 40분경에는 시내버스, 택시, 트레일러의 기사들까지 서면에서 시위대를 위한 바리케이드 역할을 자청하며 동참했다. 그러자 시위대가 "노동 3권 보장하라"는 구호를 외치며 기세를 올렸다.

마산에서는 5시 40분경 시위가 시작됐다. 6시에 평화 대행진이 시작되자 경찰 기동대가 대행진 참여자들을 덮쳐 현수막 등을 빼앗고 10여 명을 순식간에 연행했다. 이날 경찰은 최루탄 공세를 퍼부었고 백골단은 시위 참가자들을 낚아채듯 잡아갔다.

7시경 시위대는 도로 중앙에 설치된 88올림픽 선전탑을 넘어뜨리고 불을 질렀다. 시위대와 경찰의 치열한 공방전이 거듭되면서 도로에서 차량 통행이 두절됐고, 합천경찰서 소속 지프차 1대가 불탔다. 경찰 버스 2대도 파손됐다. 10시경에는 시위대가 던진 돌에 북마산파출소가 파손됐다. 11시 30분경에는 오동동파출소가 부서졌다.

심야에 오동동 아케이드 주변에 모인 시위대는 각목, 쇠파이프, 돌로 무장하고 경찰과 싸웠다. 다니는 차량도 없는 어두운 거리에서 구호도 별로 외치지 않았고, 돌을 던지다가 물러서고 골목길에 숨었다가 공격하는 식으로 접전을 이어갔다. 1979년 부마항쟁 때 마산에서 야간에 일어났던 격렬한 시위를 여러 면에서 연상시키는 광경이었다.

진주에서는 학생들이 평화적 촛불 시위를 벌였다. 경찰은 진압을 포기했다. 울산, 김해, 진해, 거창에서도 시위가 일어났다. 거창에서는 농민들이 시위에 앞장섰다.

— TK라 불리는 대구·경북에서도 전두환 정권을 규탄하는 시위가 일어나지 않았나.

대구에서는 6시에 시위대가 2·28기념탑으로 행진했다. 차량에서 경적을 울리고 시민들이 박수를 보내면서 시위대 인원이 불어났다. 얼마 지나지 않아 반월당 부근의 약 250미터, 8차선 도로가 군중으로 가득 찼다. 경향신문은 1만여 명이 나왔다고 보도했고《말》은 4만여 명이라고 썼다. 10시 40분경 시위대는 민정당 이치호 의원 사무실을 부쉈다. 그리고 파출소 5곳을 습격해 그중 3곳을 불태웠다. 대구 도심과 서부 지역은 시위대를 저지하기 위해 경찰이 퍼부은 최루탄으로 뒤덮였다. 이튿날 아침까지 통행인이 최루 가스로 고통을 겪을 정도였다.

포항에서는 평화 대행진 시작 시간이 6시가 아니라 7시로 잡혀 있었다. 대학이 없는 대신 노동자가 5만 명이 넘는 지역이기 때문이었다. 포항제철을 비롯한 여러 기업은 시위 참여를 막기 위해 노동자들을 밤늦도록 붙잡아뒀다. 그렇지만 평화 대행진이 자정 무렵까지 계속되면서 적잖은 노동자들이 유니폼 차림 그대로 대행진에 참여했다.

안동에서는 가톨릭농민회 회원, 천주교 사제와 수녀, 개신교 목회자, 학생, 시민 등이 시위에 나섰다. 안동은 가톨릭농민회가 아주 센 곳이다. 안동역에 도착했을 때 역전 광장, 시외버스 터미널 간선도로가 시위대로 가득 찼다. 고교생 200여 명과 젊은 중·고교 교사 30명도 집회에 참여했다. 김천, 영천, 의성에서도 시위가 벌어졌다.

화염병 투척 없었던 대전 시위, 인천·성남·안양 시위에 노동자 대거 참여

── 충청도와 강원도, 경기도 쪽은 어떠했나.

대전에서는 6시 40분경 시민들이 속속 합세해 홍명상가와 대전역 사이의 도로를 시위대가 가득 메웠다. 《말》은 2만여 명, 한국일보는 1만여 명으로 보도했다. 이날 시위에서는 화염병 투척이 없었다. 투석전이 두 군데에서 전개된 걸 제외하면 전반적으로 평화적인 시위였다. 6월 19일 시위에서 차에 치인 전경 1명이 숨진 점이 작용했다. 천안, 공주, 청주, 제천, 춘천, 원주, 태백, 강릉 등지에서도 시위가 일어났다.

인천에서는 7시경 시위대가 부평로를 점거하고 연좌시위를 벌였다. 8시가 지나면서 부평로 시위대는 8,000여 명으로 늘어났다. 10시 30분경에는 부평공단 내 대우자동차, 한독시계 등의 노동자들이 시위대를 공격하던 경찰을 향해 돌진했다. 경찰은 혼란에 빠졌다. 노동자들은 경찰 버스에 연행된 사람들까지 구출해 시위대에 합류했다.

수원에서는 6시경 시위가 시작됐다. 8시경 신부, 수녀, 개신교 목회자들이 앞장서고 학생, 시민 7,000여 명이 그 뒤를 따르며 수원역을 향해 침묵 속에서 촛불 행진을 했다. 11시경에는 시민 1만여 명이 수원역 광장을 메우고 집회를 열었다.

노동자가 많은 성남에서는 포항과 마찬가지로 7시경 시위가 시작됐다. 8시 40분경 성남 지역 민주화 연합(의장 이해학 목사)에서 대행진 시작을 선포했다. 1만여 명의 시민이 경찰의 1차 저지선에 이어 2차 저지선까지 돌파했다. 시위대는 더욱 늘어났다. 시위는 자정 이후에도 공단 지역과 농협 앞으로 분산돼 계속됐다. 이날도 노동자들이 대거 참가해 "노동 3권 보장", "저임금 박살" 등의 구호를 외쳤다. 조선일보는 1만 5,000여 명, 《말》은 3만여 명이라고 보도했는데 이들은 자정 무렵 해산했다.

안양에서도 시위가 일어났다. 본래 시위가 잘 일어나지 않는 지역이었는데, 6월 19일에 꽤 큰 시위가 일어나더니 26일에는 규모가 상당히 크고 격렬한 시위가 벌어졌다. 시위대는 9시경 경찰 저지선을 뚫고 집회를 연 데 이어 10시 30분경에는 전경들을 무장 해제하기 위해 공격했다. 전경들은 황급히 피신했다. 시위대는 시청에 돌을 던지고, 민정당 당사와 노동부 안양 출장소에 화염병을 던졌다. 11시 20분경에는 안양경찰서를 공격했다. 시위대의 공격으로 경찰서 안에 있는 경찰서장 관사가 반쯤 불타고, 구내식당 2층 및 경찰서 앞길에 있던 승용차 2대가 불길에 휩싸였다. 그다음 날 상오 2시경 경찰 쪽 지원 병력이 추가로 도착한 후 시위대는 흩어졌으나 일부 시위대가 2시 30분경 역전파출소, 여행 장병 안내소를 불태웠다.

김영삼 머리채 잡고 소형 버스 태워
초동에 야당 참여 완전 차단·분쇄

── 마지막으로 서울 차례다. 평화 대행진이 있던 6월 26일 서울 상황은 어떠했나.

26일 최대 시위는 서울에서 벌어졌다. 이날 민정당은 바짝 긴장했다. 분노한 시민들로부터 언제 공격받을지 몰랐기 때문이다. 민정당은 당사 정문과 후문에 바리케이드를 치고 경비 병력을 평상시의 3배 이상 늘렸다.

김영삼 통일민주당 총재 일행은 경찰의 3중, 4중 봉쇄 속에 출정식을 마치고 5시 50분경 민추협(민주화추진협의회) 사무실을 나섰다. 이들은 대형 태극기와 '동장에서 대통령까지 우리 손으로'라고 쓴 현수막을 앞세우고 비폭력을 외치며 시청 쪽으로 전진했다. 그러나 5분도 안 지나서 사복 경찰 100여 명이 최루 가스 분말을 뿌려대며 김영삼 일행의 대열을 흩뜨렸다. 이어서 도로 양쪽에 대기하고 있던 연행조가 총재단과 의원, 당원들을 전광석화처럼 분리시키고 연행했다.

경찰은 김영삼 총재의 머리채를 잡고 손목을 비틀어 끌어당겨 소형 버스에 억지로 태웠다. 그 후 김포가도를 1시간 동안 돌다가 상도동 자택에 김영삼을 내려놓았다. 경찰은 다른 사람들도 닭장차 4대에 강제로 태웠다.

6월항쟁 때 야당 총재와 의원들은 거리에 두 번 나왔다. 6·10 국민 대회 때 전두환 정권은 야당 총재와 의원들에게 어느 정도 운신할 여지를 줬다. 그러나 6·26 평화 대행진 때에는 그와 전혀 다르게 초동에 완전 차단, 완전 분쇄하는 작전을 펼쳤다.

경찰, 초동 진압 작전으로 강도 높게 대응
시위대, 화염병 사용 자제하고 조직적 움직임

—— 시위는 어떻게 전개됐나.

미도파백화점 앞에 여기저기 모여 있던 학생 500여 명이 5시 20분경 "독재 타도"를 외치며 명동 쪽으로 뛰쳐나왔다. 서울에서 시위는 그렇게 시작됐다. 6시에 애국가가 제창되고 차량들의 경적 시위도 시작됐다. 이날 서울에서는 무수히 많은 차량들의 경적 시위가 자정 넘어서까지 계속됐다.

시위가 시작되자, 경찰은 초동 진압 방침을 미리 세워놓았다는 것을 명백히 보여줬다. 이것에 대해 한국일보는 "경찰은 초기 진압 작전을 펴 집결 시간 전부터 주요 지점을 차단한 뒤 시위대가 모이면 종전보다 강도 높게 제지했다"고 보도했다. 반면 시위대는 화염병 사용을 자제했다. 어쩔 수 없이 경찰의 최루탄 난사에 대응해야 하는 경우에도 대개 손수건과 태극기를 흔들다가 보도블록을 깨서 던지는 정도였다.

시위대는 이전보다 조직적으로 움직였다. 흰 장갑을 낀 손에 핸드 마이크를 들고서 구호나 노래를 통일시키며 시위대를 이끌어가는 선봉대의 모습이, 학생들일 텐데, 어느 곳에서나 자주 눈에 띄었다.

6시경 동대문운동장에서 동대문에 이르는 지역에서 1만여 명이 구호를 외치며 행진하거나 연좌시위를 했다. 6시 20분경에는 영등포역 광장, 영등포시장 일대에 노동자, 학생, 상인들이 모여들었다. 이날 서울에서 주요 시위는 세 군데에서 벌어졌다.

영화 속 전투 장면 연상시킨
서울역 광장과 고가 도로 공방전

── 어디였나.

동대문운동장 일대, 영등포역과 영등포시장 일대, 그리고 서울역 일대에서 신세계백화점 을지로 입구에 이르는 지역이었다. 학생들은 그렇게 하기로 사전에 정하고 출정식을 한 후 세 지역으로 향했다.

먼저 서울역 쪽을 보자. 이곳에서는 8,000여 명의 시위대가 서울역 광장에서 바리케이드를 도로로 옮겨 차량 통행을 막고 연좌시위를 벌였다. 경찰은 최루탄을 난사했다. 그러자 시위대는 경찰을 남대문경찰서 쪽으로 밀어붙인 뒤 경찰서를 포위했다. 이어서 화염병과 돌을 던져 경찰서 전면의 유리창 100여 장을 깨고, 경찰서 현판 등 기물 일부를 끌어내 역 광장에서 태워버렸다. 이게 이날 서울 시위에서 제일 폭력적이었다고 얘기되는 장면이다.

7시 30분경에는 충정로, 퇴계로 쪽 시위대까지 몰려와 서울역

6·26 평화 대행진 서울역 시위

6·26 평화 대행진은 전국 주요 지역이 거의 망라됐다는 점에서 의의가 크다. 시위 형태가 달랐기 때문이긴 하지만 1919년 3·1운동에서도, 1960년 4월혁명에서도 이렇게 한날한시에 전국 각지에서 들고일어나지는 않았다. 6·26항쟁 때에는 학생과 여러 계층, 직종으로 구성된 시민, 노동자, 농민이 함께 들고일어나서 군부 독재 타도, 민주 헌법 쟁취, 직선제 쟁취를 외쳤다. 그것을 통해 군부 독재는 더 이상 용납될 수 없고 따라서 전두환 정권이 권력을 지탱할 수 없음을 분명히 보여줬다.
사진 출처: 국가기록원

열한 번째 마당

6월항쟁의 전개

6월항쟁의 전개

광장과 도로를 완전히 점거했다. 조선일보에 따르면 여기에 2만여 명의 학생, 시민이 모였다. 이들 중 7,000여 명은 서울역 고가 도로를 점거했다. 경찰도 가만있지는 않았다. 완전 무장한 정예 병력 700여 명이 '전투 대열'로 최루탄을 엄청나게 쏘아대면서 고가 도로에 진입했다. 시위대는 독한 최루 가스에 당장 질식할 것 같은 상황에서도 끈질기게 버텼다. 그러면서 양쪽이 치열한 공방전을 펼쳤는데, 영화 속 장렬한 전투의 한 장면 같았다. 다발총 소리 같은 최루탄 쏘는 소리가 쉬지 않고 울려 퍼지는 가운데 뿌연 최루 가스가 짙은 안개가 낀 것처럼 서울역 고가 도로 일대를 뒤덮었다.

시내 곳곳에서 학생들은 차도를 점거하고 경적을 울리라는 손짓을 열심히 했다. 이들은 전경과 백병전을 벌이는 것보다 시민들의 호응을 이끌어내는 데 더 많은 노력을 기울였다.

사방 뒤덮은 자욱한 최루 가스에도
싸우다 흩어졌다 또 싸운 시위대

—— 영등포와 동대문 쪽 상황은 어떠했나.

7시경 시위대는 영등포시장 앞 6차선 도로, 500미터를 점거했다. 7시 40분경에는 영등포 로터리 일대를 점거해 시국 성토대회를 열었다. 조선일보에 따르면 이 무렵 영등포시장 일대 시위 인파가 1만 5,000여 명에 이르렀다고 한다. 여기서 학생, 노동자, 시민들은 즉석 시국 토론회를 한 시간 동안 열었다. 이때 취재하던 기자가 쫓겨나는 사태가 벌어졌다.

영등포 로터리에 1만 5,000명 넘게 모였는데도 학생들은 화염병을 사용하지 않았고 돌도 던지지 않았다. 영등포 일대 시위에는 노동자와 일반 시민의 참여가 두드러졌다. 영등포시장 상인들은 시위대에게 물을 떠다주기도 했다. 한편 서울대, 연세대, 고려대, 한양대, 가톨릭대 의대생 250명은 흰 가운을 입고 의료반을 편성해 명동, 서울역, 동대문 일대 시위 현장에서 부상자들에게 응급 치료를 했다.

동대문 일대 시위대는 7시경 종로 쪽에서 시위하던 학생들이 합세하면서 규모가 커졌다. 서울신문에 따르면 8시 30분경 1만 5,000여 명으로 불어났다. 최루탄을 쏘는 경찰에 맞서 시위대는 벽돌 조각과 돌멩이를 던졌다.

시위대와 경찰의 공방전으로 8시경 남대문에서 시청에 이르는 도로가 마비됐다. 같은 시각 서울역과 서부역 일대에 시위대가 다시 집결했다. 8시 10분경에는 이 일대에 3만여 명이 모였다. 사진에도 나오는 장면이지만 전경들은 고가 도로 위에 일렬로 쭉 늘어서서 다탄두 최루탄을 아래를 향해 난사했다. 그러면서 그 일대가 최루 가스로 뿌옇게 뒤덮였다. 이때 참 대단했다.

8시가 지나면서 1만여 명의 시위대가 숭례문을 중심으로 사방에서 몰려들었다. 이들은 돌과 화염병으로 경찰 차량 10여 대를 몰아내면서 경찰을 포위하고 격렬한 시위를 벌였다. 서울역에서는 경찰이 최루탄을 엄청나게 쏘아대는 가운데 1~2만 명의 시위대가 전경과 공방전을 벌였다. 군대가 포연 속에서 흩어졌다가 다시 모이는 것을 영화 속 전투 장면 같은 데서 볼 수 있지 않나. 마치 그것처럼 한 치 앞을 볼 수 없을 정도로 자욱한 최루 가스 속에서 시위대가 흩어졌다가 다시 모이기를 반복하더니 서소문과 서대문 쪽으로 이동했다.

"모두 죽여버려" 무차별 폭행에
시민들 "동원된 깡패임이 틀림없다"

─── 경찰의 폭력 진압이 난무했다고 앞에서 얘기했다. 최루탄 난사, 백골단의 무차별 연행 같은 것 이외에 어떤 사례가 더 있나.

이날 경찰의 시위 진압은 지극히 난폭했다. 동아일보 보도에 그대로 나오는 표현이다. 서울역에서 일어난 일을 한 번 살펴보자.

8시 40분경 경찰 '사복조' 50여 명이 서울역 대합실에 몰려갔다. 이들은 "모두 죽여버려!"라고 고함을 지르며, 미리 준비해온 1미터짜리 각목과 쇠파이프를 휘둘렀다. 특히 젊은 사람들만 보면 무차별 폭행했다. 남녀 불문하고 폭행했고, 시위대와 승객을 구분하지도 않고 마구 때려 공포 분위기를 조성했다.

무차별 집단 폭행을 당한 28세 회사원과 25세 상인이 의식을 잃고 쓰러지기도 했다. '사복조'가 물러가자 시민들은 이렇게 수군댔다. "저 사람들은 경찰이 아니라 동원된 깡패임이 틀림없다." 특히 서울역 일대는 경찰의 심한 폭력으로 몇 번이고 아수라장이 됐다. 경찰의 최루탄 난사에 학생, 시민 500여 명이 대합실로 피신하자 사복조 100여 명이 들어와 시위대는 물론이고 열차 승객들에게도 마구 최루탄을 쏘아댔다. 여기저기서 비명이 터졌고 혼란이 일어났다. 경찰은 학생, 시민들을 곤봉으로 마구 패면서 둘러메치고는 질질 끌고 갔다. 이날 '사복조'는 바깥에 보이지 않도록 쇠파이프를 신문지로 둘둘 말아 숨겨서 들고 있다가 갑자기 꺼내서 시위대를 폭행해 끌고 갔다.

시위대 따라 구호 외친 승객들,
반독재 구호 쓰도록 기다린 버스 기사들

── 평화 대행진의 날 서울 시위는 어떻게 마무리됐나.

각지로 분산했던 시위대가 9시 45분경 다시 서울역 광장 쪽으로 밀려들었다. 시위대와 무장한 경찰이 여기저기서 공방전을 벌였다. 서울역 광장을 점거한 2만여 명의 시위대는 철제 바리케이드를 돌로 치는 소음 시위를 벌이기도 했다. 3시간에 걸쳐 서울역 광장 및 고가 도로, 서부역, 남대문, 남영동 일대에서 경찰과 끝없는 공방전을 벌인 길고도 격렬한 시위는 11시 20분경 차츰 끝나갔다.

10시경 동대문운동장, 동대문 일대에 모인 1만여 명의 시위대는 10여 차례나 이 일대의 도로를 점거했다. 이들은 최루탄을 쏘는 경찰에 돌과 화염병으로 맞서며 격렬히 시위를 벌였다. 이대부속병원 구내로 최루탄이 발사되자 환자들이 긴급 대피했다. 청계 고가 도로 난간에서 구경하던 시민들에게도 최루탄을 무차별적으로 발사했다.

11시경 1만여 명의 학생, 시민들이 시위를 계속하는 가운데 동대문 로터리 주변을 지나는 차량들이 경적을 계속 울렸다. 차 안에 있던 승객들은 창밖의 시위대를 따라 구호를 외치며 손뼉을 쳤다. 대학생들이 지나가는 버스에 매직펜으로 '끝장내자 독재' 등의 구호를 썼는데, 대부분의 기사들이 차를 멈추고 차례가 오기를 기다렸다. 자정이 될 무렵 종로 6가에서 학생 500여 명이 바리케이드를 치고 경찰과 대치했다. 이들은 최루탄 난사에도 흩어지지 않고 구호를 외치며 우뚝 서서 버텼다.

이날 시위 장소 곳곳의 지하도 입구와 차량에는 붉은 매직잉크로 쓴 '독재 타도', '대통령을 내 손으로' 등의 구호가 적혀 있었다. 한 신문은 "도심지를 운행하는 차량 중 80퍼센트 이상이 학생들이 써놓은 각종 구호로 어지럽혀져 있었다"고 보도했다.

시위 빈발 지역 상가에서 최루탄이 터졌다 하면 상인들이 신속하게 셔터를 내리고 자욱한 가스 안개가 걷히면 올린 것처럼, 차량들은 최루탄과 돌이 난무해도 잘도 헤쳐 나갔다. 일상화된 시위 문화에 잘 적응됐기 때문일 것이다.

그다음 날 상호 1시 30분경 학생, 시민 수백 명이 신설동 육교 부근에서 "독재 타도"등의 구호를 외치자 그 부근 택시 기사 300여 명이 택시를 세워두고 도로를 완전히 점거한 채 경적을 울리며 시위를 이어갔다. 동대문 일대, 영등포 일대에서는 그다음 날 상오 3~4시경까지 시위가 계속됐다.

'이한열 군 소생을 비는 기도회'가 연세대, 고려대, 전남대 등 6개 대학 교수 50여 명과 이한열 부모, 학생들이 참여한 가운데 연세대 교내에서 평화 대행진이 열린 26일 2시 30분경 있었다. 이한열은 혼수상태 23일째인 7월 1일 세브란스 중환자실에서 중환자실 격리실로 옮겨졌다. 이한열은 7월 5일 숨을 거뒀다.

6·26 국민 평화 대행진은 군 지역을 포함해 적어도 전국 37개 시군에서 전개됐다. 강릉 시위에 관한 동아일보 보도가 정확하다면 38개 시군이 될 것이다. 37개 시군으로 볼 경우 6·10 국민 대회에 22개 시, 6·18 최루탄 추방 국민 결의의 날에 18개 시에서 참여했던 것과 비교하면 각각 15개 시군, 19개 시군에서 더 참여한 것이다.

평화 대행진 참여 인원을 국본은 130만 명으로 추산했다. 이와 달리 경찰은 5만 8,000명으로 발표했고 조선일보는 20여만 명으로 추산했다. 서울의 경우 상세히 기록한《6월 민주화 대투쟁》에는 경찰이 발표한 68곳에서 연인원 25만여 명이 격렬한 가두시위를 했다고 쓰여 있다. 서울은 그 이전보다 6·26 시위에 더 조직적으로 참여했다. 장소도 영등포, 동대문 일대로 확대됐다. 시위 참여자도 6·10 대회 때보다 훨씬 많았고 6·18 대회 때보다는 2배 정도 많았다.

6·26 평화 대행진에는 특히 호남에서 많이 참여했고 격렬한 시위가 벌어졌다. 광주의 경우 6·10이나 6·18 대회와는 비교가 안 되게 많은 인원이 참여했고 전주에서는 역사상 보기 드문 거대한 민주 축제가 열렸다. 원광대생 시위가 끊이지 않았던 익산에서도 수만 명이 참여했고 목포, 순천, 여수에서도 그 지역 역사에 남을 만한 대회를 치렀다.

전두환·신군부 정권이 붕괴할 수밖에 없음을 명백히 보여준 6·26 평화 대행진

── 6·26 평화 대행진의 의의가 무엇이라고 보나.

6·26 평화 대행진은 전국 주요 지역이 거의 망라됐다는 점에서 의의가 크다. 시위 형태가 달랐기 때문이긴 하지만 1919년 3·1운동에서도, 1960년 4월혁명에서도 이렇게 한날한시에 전국 각지에서 들고 일어나지는 않았다.

3·1운동 때 방방곡곡에서 각계각층이 일제의 억압 통치에 반대하고 목이 터져라 독립 만세를 외치지 않았나. 그것을 통해 그동안 일제가 선전했던 것이 거짓임을 한순간에 폭로했다. 그것처럼 6·26 항쟁 때에는 학생과 여러 계층, 직종으로 구성된 시민, 노동자, 농민

이 함께 들고일어나서 군부 독재 타도, 민주 헌법 쟁취, 직선제 쟁취를 외쳤다. 그것을 통해 군부 독재는 더 이상 용납될 수 없고 따라서 전두환 정권이 권력을 지탱할 수 없음을 분명히 보여줬다.

6·26 평화 대행진 때 대도시는 대도시대로, 중소 도시는 중소 도시대로 시내 중심가가 마비됐다. 6·10 국민 대회와 6·18 최루탄 추방 국민 결의의 날 때처럼 6·26 평화 대행진 때에도 경찰력은 도처에서 한계를 드러냈다. 6·26 평화 대행진에 맞서 경찰이 전두환의 직접 지시에 의해 시위를 초동 단계에서 꺾어버리려 초강경 진압 정책을 썼는데도 그랬다. 6·26 평화 대행진은 전두환 정권이 엄청난 규모의 시위에 경찰력으로 대처하는 데 역부족임을 명백히 보여줬다. 시위를 초동 단계에서 눌러버리려던 전두환의 의도가 산산조각 난 것이다. 직선제 개헌을 비롯한 민주화 요구를 따르지 않을 수 없는 상황에 몰린 전두환이 마지막으로 혹시나 하고 품었던 기대는 그렇게 물거품처럼 사라져버렸다.

"위대한 민주 승리의 날이
눈앞에 다가오고 있다"

— 평화 대행진이라는 이름과 거리가 있는 모습도 일부에서 나타났다. 그런 부분을 어떻게 봐야 할까.

조선일보를 비롯한 여러 신문이 보도한 대로, 6월 26일 시위가 대규모이긴 했지만 과격함은 적었고 시위대는 전반적으로 자제하는 모습을 보여줬다. 전체적으로 6·10 국민 대회에 비해 시위 규모가 훨씬 커지고 시위 횟수, 발생 지역 등이 늘어났는데도 방화나 폭력 사태는 줄어들었고 시위 양상은 덜 과격했던 것으로 경찰은 분석했다. 시위대의 이러한 모습은 이날따라 유난히 과격하고 폭력적이었던 경찰과 매우 대조적이었다. 시위에 참가한 학생들이 화염병을 사용하거나 파출소 또는 전경 버스를 불태운 경우도 있었지만, 그건 경찰의 과잉 폭력 진압에 맞서는 과정에서 벌어진 일이었다.

6·26 평화 대행진 후 경찰은 서울 2,139명을 비롯해 전국에서 3,467명을 연행했고 경찰 관서 29곳, 시청 등 관공서 4곳, 민정당 당사 4곳과 경찰 차량 20대가 불타거나 파손됐으며 경찰 573명이 다쳤다고 발표했다. 국본(민주 헌법 쟁취 국민운동본부)은 "위대한 민주 승리의 날이 눈앞에 다가오고 있다"며 현 정부는 이제 국민의 뜻에 승복, 국민이 원하는 바대로 새 헌법에 의한 정부 이양 일자를 구체적으로 밝히라고 촉구했다. 바짝 긴장해서 당사 정문과 후문에 바리케이드를 치고 경비 병력을 평상시의 3배 이상 늘렸던 민정당은 학생들이 쳐들어오지 않고 비교적 평화롭게 6·26 평화 대행진이 끝나자 어색한 안도의 표정을 지었다.

6월 27일, 28일에도 시위는 계속됐다. 27일에는 광주, 목포, 군산, 익산, 대구, 마산, 청주, 부평, 부천, 안산, 서울에서 시위가 일어났다. 28일에도 광주, 목포, 군산, 부산, 마산에서 시위가 벌어지는 등 호남과 영남의 민주화 열기는 식을 줄 몰랐다. 충주, 제천에서도 시위가 있었고 서울에서는 개신교 목회자와 신도들의 시위 및 민가협 회원들의 시위가 일어났다. 28일 미국 워싱턴에서도 시위가 발생했다. 이날 1,000여 명이 백악관 앞에서 기도를 한 후, "직선제 쟁취" 등을 외치며 백악관에서 1.6킬로미터쯤 떨어진 국무부까지 도보 시위를 했다. 징과 꽹과리로 분위기를 띄우며 4시간 동안 시위를 이어갔다.

4월혁명 시기 야당과
6월항쟁 시기 야당

── 그동안 6월항쟁 당시 주요 시위 등을 쭉 살펴봤다. 6월항쟁 시
기에 야당이 한 역할, 어떻게 평가하나. 4월혁명 시기 야당과도
비교할 만하다는 생각이 든다.

4월혁명 때 지방에 있던 민주당원들은 여러 군데에서 시위를 했
다. 1960년 3월 15일 마산, 광주 등지에서 그랬다. 그렇지만 중앙당
쪽은 분위기가 달랐다. 중앙당에서도 4월 6일 딱 한 번 시위를 하긴
했다. 그렇지만 그 시위가 커진 건 학생, 시민들이 따라붙었기 때문
이지, 야당이 시위를 그렇게 적극적으로 할 의사가 있었다고 보기는
어렵다.

4·19 그날 민주당 간부들이 시위에 적극적으로 참여하는 모습은
어디에서도 볼 수 없었다. 다만 민주당 신파의 거두인 곽상훈 등 몇
몇 사람이 '이거 해방 직후 같은 사태로 가는 것 아냐' 하며 우려하는
모습을 써놓은 글은 있다. 4월 25일 시위, 그리고 이승만이 하야를 발
표한 26일에 있었던 시위에도 민주당 중앙 간부들이 참여했다는 기
록은 어떤 신문 보도에서도 찾아볼 수 없다.

이처럼 4월혁명 때 민주당은 중앙당에서 한 번 시위를 하고 지
방 몇 군데에서 그 지역 당원들이 열심히 시위를 한 걸 제외하면 사
실상 외면했다. 가장 중요한 시위인 4월 19일 시위 그리고 4월 25일,
26일 시위에는 충분히 참여할 수 있었는데도 외면했다. 그렇기 때문
에도 민주당은 정권을 거저 얻었다는 얘기를 들었고, 그게 민주당 정
권을 무력하게 한 요인이 됐다.

그러나 6월항쟁에서는 야당이 적극적으로 활동해야 할 대단히 중요한 이유가 있었다. 직선제가 그것이다. 유신 체제나 전두환·신군부 체제 초기에 야당은 직선제를 주장하기가 어려웠지만, 1985년 2·12총선에서 민주화에 대한 민중의 강력한 기대를 확인하면서 김대중, 김영삼은 직선제를 강력히 밀고 나갔다. 1987년에 들어오면 재야나 학생 운동 주력 부대도 직선제 쟁취를 주장했다. 민주 연합이 이뤄질 기반이 마련된 것이다.

6월항쟁의 경우 민주 대연합이라는 말 그대로 야당(통일민주당)이 국본에서 주요 간부직에 더해 상임집행위원 같은 자리까지 차지하고 있었고 국본의 주요 회의에 야당 관계자들이 참석해 의견을 나눴다. 그렇지만 6월 10일 시위에 적극 나선 걸 제외하면 어느 경우나 야당은 소극적인 태도를 취했고 신중론을 주장했다. 특히 학생들이나 시위대가 폭력 투쟁이나 대규모 투쟁을 해서 군이 출동할까봐 오히려 몹시 두려워했다.

그리고 1986년 10월, 11월에 그랬던 것처럼 이 시기에도 정권 쪽에서 군이 출동한다는 소문을 은밀히 흘렸던 것으로 보인다. 특히 김대중 쪽에 그랬던 것으로 보이는데, 그래서 이희호 글에도 나오는 것처럼 6월항쟁 시기에 김대중 집에서는 자료를 은밀히 땅에 묻는 일도 있었다. 군이 출동한다는 얘기가 흘러나와 그랬던 것이다. 그렇다고 하더라도 대국적 견지에서 사태를 주시하고 이끌어갔더라면 하는 아쉬움이 있다. 과거에 워낙 혹독하게 당하고 해서 마음이 다급했던 것 같다. 그 점도 생각할 필요가 있다.￼

전체적으로 볼 때 6월항쟁에서 야당이 분명히 민주 대연합의 한 축을 담당하고 있었다고 할 수는 있지만, 역기능과 순기능이 동시에 있었기 때문에 야당의 참여를 적극적으로 평가하기가 어려운 면이 많다. 다만 6월 24일 영수 회담 직후 김영삼이 회담 결렬을 선언한 것은 전두환과 노태우, 민정당을 아주 당황하게 했다. 6·26 평화 대행진을 분열시키는 행동을 하지 않았다는 점에서도 의미가 있다. 그런 점에서 직선제 개헌으로 가는 데 김영삼의 결렬 선언이 영향을 줬다는 점은 평가를 해줄 수 있겠다.

• 이것에 대해 이희호는 한겨레에 연재한 '이희호 평전'에서 이렇게 밝혔다. "(1987년 6월) 18일부터 불길한 이야기가 돌기 시작했지요. 계엄령이 선포된다는 소문이었어요. 동교동 우리 집으로 제보 전화들이 계속 왔는데, 전두환 대통령이 친위 쿠데타를 일으켜 남편을 체포한다는 정보를 청와대에 파견 나가 있던 고위급 장교가 알려주기도 했지요. 우리는 수첩이랑 자료들을 비닐봉지에 쓸어 담았지요. 감시자들의 눈을 피해 꽃나무를 옮겨 심는 척하면서 그것들을 마당 화단에 묻었어요. 1980년 5월 17일 밤이 다시 오리라고 생각했지요. 그런데 어쩐 일인지 그날 군인들이 오지 않았어요."

직선제 쟁취에서 멈춘 아쉬움 있지만
세 번째 해방으로 손색없는 6월항쟁

6월항쟁의 전개, 열두 번째 마당

직선제 쟁취에서 멈춘
6월항쟁의 한계

김 덕 련 6월항쟁은 1961년 5·16쿠데타 이후 지속된 기나긴 정치적 밤에서 벗어나는 계기를 만들었다. 그런 의미에서 역사적으로 지극히 중요한 투쟁임은 누구도 부인할 수 없을 것이다.

그렇지만 한계도 분명히 있었다. 예컨대 민주 대연합이라는 틀로 대통령 직선제 쟁취 투쟁을 전개해 6·29선언을 이끌어낸 것은 의미 있는 성과이지만, 직선제 쟁취에서 멈춰버린 것은 두고두고 아쉬운 대목이다. 오늘날까지 수구 세력이 발호하는 것도 1987년 6월항쟁으로 표출된 힘을 바탕으로 수구 세력을 확실하게 제압하지 못한 것, 그리고 그해 대선에서 어이없는 결과가 나온 것과 떼어놓고 생각하기 어렵다는 점에서도 그렇다.

서 중 석 6월항쟁에서 민주 대연합이 가능했던 건 국본(민주 헌법 쟁취 국민운동본부)과 학생들이 야당의 직선제 주장에 동의했기 때문이다. 그렇지만 국본과 학생들은 민주주의에 대해 능동적이고 적극적으로 의미를 부여하지 못했다. 그것은 민주주의를 진전시키는 데 어려움을 안겨주었다.

야당은 1972년 유신 쿠데타 이전으로 돌아가 직선제로 민간 정부를 세우면 민주주의 사회가 온다고 역설했다. 그러나 이러한 야당의 민주주의 주장은 정치적 민주주의 측면에서도 빈약했을 뿐만 아니라 사회적, 경제적 민주주의는 외면하고 있었다.

학생 운동권은 1987년 3월 개학했을 때 별로 움직이지 않았다. 전두환이 4·13 호헌 조치를 발표하자 각계에서 치열하게 반대 운동을 벌였지만, 학생들은 그것에 호응하는 투쟁을 전개하지 않았다. 학생들의 투쟁 열기는 5월 하순부터 되살아났는데, 직선제 쟁취 투쟁을 수용하고 국본을 지지하면서 국본 결정을 따랐다.

이 시기에 다수의 학생들이 내세운 주장에는 반미 자주화를 제외하면 특별한 게 없었다. 이들의 주장에는 1987년 이후 민주주의가 나아갈 방향이 충실히 담겨 있지 않았다. 1980년대에 수많은 학생들이 노학 연대 기치 아래 노동 현장 취업, 농활, 공활 등 노동자, 농민과 함께하는 연대 활동을 적극적으로 펼쳤는데도 6월항쟁 시기에는 그런 부분이 제대로 반영되지 않았다.

국본이 직선제에 매몰된 것만은 아니었다. 출범할 때 선언문에서 "집시법, 언론기본법, 형법과 국가보안법 등의 독소 조항, 노동법 등 모든 악법의 민주적 개정과 무효화 범국민 운동을 실천한다"고 명시했다. 6월항쟁에서 노동자가 많은 지역은 대회 시간을 늦출 수 있게 하는 등 배려를 했다. 그렇지만 국본이 선언문에서 얘기한 사항이 유인물이나 대자보, 구호, 야당에 대한 요구 사항으로 구체화되지는 않았다.

농민 운동, 노동 운동을 하다가 시위 현장으로 달려온 농민과 노동자들은 자신들의 문제에 대해 노동 3권 보장 등 최소한의 주장에 머물고 "호헌 철폐", "독재 타도", "직선제 개헌"에 적극 호응하는 투쟁을 벌였다. 이것은 6월항쟁의 당면 투쟁 목표와 그 이후의 투쟁 목표를 구별해 대응한 것으로 볼 수 있지만 당시 노동자와 농민의 의식 수준을 반영한 측면도 있었다.

6월항쟁에서 재야나 학생들이 민주주의를 크게 진전시키는 활동을 전개하지 못한 것은 당시 운동권과 일반 학생들이 지녔던 한계와 관련이 있다. 6월항쟁에서 "미국은 독재 지원, 내정 간섭 즉각 중단하라", "광주 학살 배후 조종 미국은 물러가라"는 구호가 나오기도 했지만 학생 운동 주류는 직선제 개헌에서 한 걸음 더 나아간 주장을 펴지 못했다. 그건 당시 학생 운동의 한계이자 NL계 대중 노선의 한계였고, 6월항쟁의 한계이기도 했다. 이것은 처음부터 조직 역량을 갖추고 투쟁 목표, 전략을 명확히 세운 상태에서 6월항쟁을 전개한 것이 아니라 항쟁이 자연 발생적으로 발전해간 측면이 강한 것과도 관계가 있다.

이러한 점들이 복합적으로 작용해 6월항쟁은 민주 대연합을 통해 기본적 민주주의를 실현하는 수준에 머물게 돼 있었다. 그렇다고 하더라도 기본적 민주주의에서 빠져서는 안 되는 노동자들의 정치적 권리 등 정치적 민주주의와 관련해 관철해야 할 내용이 제대로 제시되지 않았고, 경제적 민주주의와 관련된 주장도 찾아보기가 어려웠다는 점은 성찰할 필요가 있다.

'세 번째 해방' 6월항쟁, 아쉬움은 있지만 자유와 민주주의의 큰 틀 구축

— 그동안 6월항쟁을 여러 각도로 살폈다. 한국 현대사에서 6월항쟁을 어떻게 자리매김할 수 있을까.

6월항쟁을 통해 민주주의가 더 넓고 깊은 폭과 깊이를 가졌으면 하는 아쉬움은 있다. 그렇지만 6월항쟁 시기는 수많은 한국인들한테 영원히 잊을 수 없는 감동의 하루하루였다. 6월항쟁 그날을 떠올리면 한국인은 어떠한 어려움이 닥치더라도 이겨낼 수 있지 않을까 싶다.

1987년 6월 10일 시민들이 거리로 나와 "호헌 철폐", "독재 타도"를 외치고 있다. 1945년 8월 15일이 첫 번째 해방이라면 1960년 4월혁명은 두 번째 해방, 6월항쟁은 세 번째 해방이라고 할 만하다. 첫 번째 해방은 크고 깊었지만 분단 속에서 거센 역풍을 맞았다. 두 번째 해방은 쿠데타에 의한 반동으로 된서리를 맞았다. 세 번째 해방도 과거의 가시밭길 역사로 인해 계속해서 풍파와 맞닥뜨려야 했다. 그럼에도 6월항쟁으로 쟁취한 세 번째 해방은 기본적 자유, 자치적 시민 활동, 절차적 민주주의의 큰 틀이 상당 부분 자리 잡게 만들었다. 사진 출처: 국가기록원

6월항쟁의 전개

열두 번째 마당

이한열 열사 장례식

6·10 국민 대회를 하루 앞둔 6월 9일 연세대 학생
이한열이 최루탄에 맞아 빈사 상태에 빠졌다. 이한열이
다시 일어설 수 있기를 수많은 사람이 간절히 기원했다.
안타깝게도 그해 7월 5일 이한열은 끝내 세상을 떠났다.
시민들은 7월 9일에 열린 이한열 열사 장례식에
구름처럼 모여들었다. 사진 출처: 국가기록원

열두 번째 마당

6월항쟁의 전개

열두 번째 마당

6월항쟁의 전개

열두 번째 마당

6월항쟁을 되돌아보면 웅장한 대서사시나 교향악을 듣는 것 같기도 하고 파노라마처럼 펼쳐지는 거대한 한 폭의 그림을 보는 것 같기도 하다. 독재 정권의 속성상 박종철 고문 사망은 다른 때 같았으면 한낱 억울한 죽음으로 끝날 수도 있었다. 그러나 박종철의 안타까운 죽음은 2·7 추도 대회, 3·3 평화 대행진, 5·18 고문 사망 은폐·조작 폭로를 거쳐 6·10 국민 대회로 불붙은 6월항쟁 내내 투쟁의 동력이 됐다. 그것과 더불어 이한열이 최루탄에 의해 중태에 빠진 것도 중요하게 작용했다. 그러한 것들이 투쟁에 불을 붙여 박종철과 이한열의 염원을 성취했다는 점에서도, 중대한 고비에서 전두환이 4·13 호헌 조치라는 치명적인 자살골을 넣었다는 점에서도 헤겔이 말한 '이성의 간지'를 보는 것 같다.

그리고 각지에서 한날한시에 똑같은 행동 요령에 따라 시위를 전개하고 주말도 없이, 비가 오면 비를 맞으면서 17일간 하루도 빠짐없이 계속 시위를 벌였다. 역사상 이런 일이 있던 적이 없었다. 6·10 국민 대회와 명동성당 농성 투쟁을 거쳐 부산과 대전 등지에서 대규모 시위가 일어났는데, 그 지역 사람들이 지칠 만하니까 때맞춰, 마치 교대하듯이 광주, 전주에서 바통을 이어받아 대규모 시위를 전개한 것도 참으로 놀라운 일이다.

경찰이 퍼부은 '지랄탄', '사과탄' 때문에 앞이 잘 보이지도 않고 숨이 콱콱 막히는 속에서도 시위대는 격렬히 맞서 싸웠다. 평범한 학생, 시민이었던 수천, 수만, 수십만 명이 사생결단하고 용맹한 투사가 돼서 몇 시간이고 싸우며, 경찰과 밀고 밀리는 공방전을 수십 차례나 주고받았다. 시위대는 경찰이 최루탄을 수십, 수백 발 쏘아대면 사라졌다가 어느 틈엔가 다시 나타나 대오를 갖추고 구호를 외쳤다. 그러한 장렬한 시위대의 모습은 언제나 6월 그날의 장관을 상기케 한다.

6월항쟁 직전까지도 한국 근현대사에서 최대 규모의 엄청난 시위가 전국 각지에서 그렇게 강력하게 전개될 줄은 아무도 예상치 못했다. 더구나 막강한 경찰력과 우박처럼 쏟아지는 최루탄 포연에 맞서 학생이건 시민이건 갑자기 일당백의 투사가 돼서 그렇게 맹렬히 잘 싸울 줄은 몰랐다. 학생과 시민들은 자신들이 책에서 보고 얘기를 듣던 3·1운동, 4월혁명이나 광주항쟁의 주역처럼 일당백의 투사로서 역사의 한 페이지를 장식하게 됐다는 것이 믿기지 않을 정도였다. 학생들을 더욱 놀라게 한 것은 고난과 핍박의 학생 운동을 못 본 체하던 시민들이 자신들에게 뜨거운 갈채를 보내고 시위에 적극적으로 참여했다는 점이다. 운전기사들도 계속 차량 경적을 울리며 적극 호응했다.

6월항쟁 모습은 때로는 장대한 파노라마처럼, 때로는 몽타주 화면처럼 펼쳐지는가 하면 정겨운 서정적 장면으로 그려지기도 했다. 6월항쟁은 민주화 운동 세력은 물론 전두환, 민정당에도 전혀 상상치 못했던 경이로운 세계였다. 서슬 퍼렇게 군림하던 전두환·신군부 체제가 무너지며 무릎을 꿇는 모습도 인상적이었다. 그리하여 6월항쟁의 함성이 묻어나는 아름답고 웅혼한 화음을 이루고 자유와 민주주의, 인권과 평화의 세계로 도도히 흘러갔다.

예전에 4월혁명을 다룰 때 1945년 8월 15일이 첫 번째 해방이라면 1960년 4월혁명은 두 번째 해방으로 볼 수 있다고 얘기했는데, 6월항쟁은 세 번째 해방이라고 할 만하다. 첫 번째 해방은 크고 깊었지만 분단 속에서 거센 역풍을 맞았다. 두 번째 해방은 쿠데타에 의한 반동으로 된서리를 맞았다. 세 번째 해방도 과거의 가시밭길 역사로 인해 계속해서 풍파와 맞닥뜨려야 했다. 그럼에도 6월항쟁으로 쟁취한 세 번째 해방은 기본적 자유, 자치적·자율적 시민 활동, 절차적 민주주의의 큰 틀이 상당 부분 자리 잡게 만들었다.

나가는 말

《서중석의 현대사 이야기》 시리즈를 다시 독자 여러분 앞에 내놓습니다. 이번에 내놓는 18~20권의 핵심 사안은 6월항쟁입니다. '서중석의 현대사 이야기' 연재 가운데 2016년 12월부터 2017년 4월까지 '6월항쟁'이라는 주제로 프레시안에 실린 것들 중 일부의 내용을 더 충실히 하고 새롭게 구성한 결과물입니다.

18~20권을 끝으로 이 시리즈 출간은 막을 내립니다. 시리즈의 출발점인 '서중석의 현대사 이야기' 연재 첫 번째 기사를 내보낸 2013년 8월 이후 6년 3개월 만입니다. 박근혜 정권이 출범한 그해 여름 첫걸음을 내디뎠는데, 어느새 2010년대의 끝자락을 마주하게 됐습니다.

그 사이에 많은 일이 있었습니다. 촛불 항쟁, 탄핵 등 굵직한 정치적 사건도 여럿 발생했습니다. 많은 이들에게 한국 현대사를 돌아보게 하고 역사의 무게를 다시 생각하게 하는 시간이었습니다. 그 시간 동안, 그러한 분들과 함께한다는 마음으로 이 시리즈를 진행했습니다. 그간 이 시리즈와 함께해주신 독자 여러분께 감사 인사를 올립니다.

2019년 12월
김덕련

서중석의 현대사 이야기⑲

초판 1쇄 펴낸날 2020년 1월 1일

지은이	서중석 김덕련
펴낸이	박재영
편집	이정신 임세현
마케팅	김민수
디자인	당나귀점프
제작	제이오

펴낸곳	도서출판 오월의봄
주소	경기도 파주시 회동길 363-15 201호
등록	제406-2010-000111호
전화	070-7704-2131
팩스	0505-300-0518

이메일	maybook05@naver.com
트위터	@oohbom
블로그	blog.naver.com/maybook05
페이스북	facebook.com/maybook05
인스타그램	instagram.com/maybooks_05

ISBN	979-11-90422-08-6 04900
	978-89-97889-56-3 (세트)

이 도서의 국립중앙도서관 출판시도서목록(CIP)은 e-CIP홈페이지(http://nl.go.kr/ecip)와
국가자료공동목록시스템(http://www.nl.go.kr/kolisnet)에서 이용하실 수 있습니다.
(CIP 제어번호 : CIP2019051375)

• 책값은 뒤표지에 있습니다. 잘못된 책은 바꾸어 드립니다.

이 책에 실린 사진은 저작권을 가지고 있는 분들과 기관의 허락을 받아 게재했습니다.
저작권자를 찾지 못하여 게재 허가를 받지 못한 일부 사진은 저작권자가 확인되는 대로
게재 허락을 받고 통산 기준에 따라 사용료를 지불하겠습니다.